MUSEO SENZA FRONTIERE

Le guide di Museo Senza Frontiere

PORTOFERRAIO
Isola d'Elba

MWNF BOOKS

Copertina
Napoleone
Carlo Morelli
Nato a Roma nell'ultimo decennio del '700, in data non accertata;
morto a Firenze il 7 febbraio 1855
Donazione Demidoff
Palazzo della Biscotteria, Comune di Portoferraio, Sala Consiliare
(temporaneamente esposto presso la Pinacoteca del Centro Culturale De Laugier, Saletta Napoleonica)
Portoferraio, Isola d'Elba

Siamo lieti di ricevere suggerimenti
e proposte di miglioramento
per future edizioni di questa guida:
editing@museumwnf.net

Questa guida è disponibile presso
le principali librerie online in versione
tascabile o come eBook.

MWNF Books
is a tradename of
Museum Ohne Grenzen /
Museum With No Frontiers
1090 Vienna, Austria
books@museumwnf.net
www.mwnfbooks.net

Contatti per il visitatore
Per ulteriori contatti vedere pagina 133

Infopark
Informazioni e Accoglienza Turistica del
Parco Nazionale dell'Arcipelago Toscano
Calata Italia, 6
57037 Portoferraio (LI)
Tel: +39 0565 908231
Email: info@parcoarcipelago.info
https://www.parcoarcipelago.info

Cosimo de Medici srl
Per accessi e visite guidate a:
Fortezze Medicee, Forte Falcone,
Teatro dei Vigilanti, Area Archeologica
della Linguella, Villa Romana delle
Grotte, Pinacoteca Foresiana
Calata Mazzini, 37
Tel: +39 0565 944024, 0565 914121
Email: info@visitaportoferraio.com
https://www.visitaportoferraio.com

E' disponibile presso le biglietterie dei monu-
menti e siti suddetti la COSMOPOLI CARD,
biglietto di ingresso unico dei musei e siti
archeologici

Viaggi del Genio
Tour Operator – Viaggi della Natura
Partner per lo sviluppo turistico
dell'iniziativa
Piazza Virgilio, 34
57037 Portoferraio (LI)
Tel: +39 0565 944374
Numero verde: 800401406
Email: info@geniodelbosco.it
http://www.geniodelbosco.it

Idea e coordinamento generale
Eva Schubert

Realizzazione
Museo Senza Frontiere |
Museum With No Frontiers [MWNF]

Comitato Scientifico
e autori dei percorsi
Mario Ettore Bacci
Giuseppe Massimo Battaglini
Marino Garfagnoli
Mauro Parigi
Gloria Peria

Hanno collaborato
Gianpiero Vaccaro
Lucia Zingoni

Foto
Fiona Buttigieg
Gianpiero Vaccaro
*Per i crediti fotografici completi vedere
pagina 134*

Indicazioni tecniche
Marino Garfagnoli

Cartine e schemi dei percorsi
Andrea Tozzi

Progetto grafico e impaginazione
Agustina Fernández

**Coordinamento editoriale
e copy-editing**
Saverio Capozzi

Sigle degli autori
Mario Ettore Bacci (m.e.b.)
Giuseppe Massimo Battaglini (g.m.b)
Carlo Eugeni (c.e.)
Marino Garfagnoli (m.g.)
Mauro Parigi (m.p.)
Gloria Peria (g.p.)
Gianpiero Vaccaro (g.v.)
Lucia Zingoni (l.z.)

Comune di Portoferraio
Regione Toscana
Provincia di Livorno
Popolazione residente 12.095
Superficie 47,46 km²

**Il gonfalone della
Città di Portoferraio**
Inizialmente lo stemma della città era
costituito dal giglio fiorentino
circondato dalle palle medicee;
intorno alla metà del XIX sec. si
trasforma in una nave a remi in alto
mare con vele gonfie.

CITTÀ DI
PORTOFERRAIO

Museo Senza Frontiere ringrazia il Comune di Portoferraio per l'eccellente collaborazione iniziata nel 2007 e per aver fornito il contesto istituzionale che ha facilitato la realizzazione di questa guida.

Museo Senza Frontiere ringrazia inoltre per il gentile contributo fornito:

Centro Nazionale di Studi Napoleonici e di Storia dell'Elba, Portoferraio

Cosimo de Medici srl, Portoferraio
https://www.visitaportoferraio.com

I familiari di Leonida Foresi

Parco Nazionale dell'Arcipelago Toscano
http://www.islepark.it

Corpo Forestale delle Stato, Ufficio Territoriale Biodiversità di Follonica

Soprintendenza per i Beni Archeologici della Toscana
http://www.archeotoscana.beniculturali.it

Soprintendenza per il Patrimonio Storico, Artistico ed Etnoantropologico e per i Beni Architettonici e Paesaggio per le Province di Pisa e Livorno
http://www.sbappsae-pi.beniculturali.it

Soprintendenza per il Patrimonio Storico, Artistico ed Etnoantropologico e per il Polo Museale della città di Firenze
http://www.polomuseale.firenze.it

Istituto degli Innoncenti, Firenze
http://www.istitutodeglinnocenti.it

Museo Civico Archeologico di Bologna
http://www.comune.bologna.it/museoarcheologico

MUSEO
SENZA
FRONTIERE

Prefazione

Portoferraio, principale approdo dell'isola d'Elba, ha un patrimonio di straordinario fascino e ricchezza che questa guida vi propone di scoprire.

Come sempre nelle guide di Museo Senza Frontiere sono gli studiosi del posto a raccontare la storia della loro città permettendo di scoprire luoghi e siti spesso sconosciuti anche agli stessi abitanti. Tre grandi itinerari a tema ripercorrono la storia di Portoferraio, dalle sue origini neolitiche ed etrusche fino al periodo industriale e alle tracce lasciate dalla seconda guerra mondiale. Ogni itinerario riflette la personalità dei suoi autori e l'amore specifico per il tema trattato. Le schede sono illustrate per fornire un orientamento anche visivo e ogni percorso è corredato da una mappa che riassume l'itinerario proposto. Se invece preferite seguire un vostro itinerario o capitate per caso in uno dei tanti luoghi descritti in questa guida, potete fare riferimento all'indice delle località e trovare la scheda che vi interessa.

Arrivare a Portoferraio è facile tutto l'anno, anche in treno, via Campiglia Marittima dove, davanti al bar della stazione con bellissima pergola di glicine, vi dà il benvenuto in un'altra dimensione il monumento a Lampo, 'il cane viaggiatore' la cui commovente storia, vissuta agli inizi degli anni '60 del secolo scorso, è documentata da questo video: https://www.youtube.com/watch?v=i-VZ6d22gfQ. Dalla stazione di Campiglia Marittima partono treni e bus per il porto di Piombino. Di qui, prendendo uno dei numerosi traghetti, dopo un'ora di traversata, sbarcherete nella splendida cornice di Portoferraio, città fondata nel 1548 da Cosimo de' Medici.

Per visitare in modo appropriato Portoferraio è consigliato spostarsi a piedi. Per gli spostamenti più lunghi, come ad esempio la residenza napoleonica di San Martino o Capo d'Enfola, suggeriamo di utilizzare il trasporto pubblico (bus e taxi, a seconda della stagione). Solo il primo percorso richiede la disponibilità di un mezzo proprio che però può essere noleggiato anche sul posto (bici, moto e naturalmente auto).

Nell'elaborazione di questa guida abbiamo verificato con grande cura ogni singolo dettaglio, anche logistico, e inserito note e riferimenti che consentono di organizzare la visita prima di effettuarla. Tuttavia, in un territorio in continua trasformazione come quello di Portoferraio, non possiamo escludere che al momento della vostra visita, alcune informazioni non corrispondano più a quanto indicato. In questo caso vi saremmo grati se ci segnalaste via email (editing@museumwnf.net) le vostre esperienze ed osservazioni, aiutandoci così a migliorare future edizioni. Inoltre, se decidete di visitare Portoferraio durante la stagione invernale è indispensabile verificare gli orari, contattando i recapiti indicati nella guida. Notizie di attualità saranno pubblicate sul sito Facebook: https://www.facebook.com/MWNF.Portoferraio

Infine qualche parola di presentazione su Museo Senza Frontiere, ideatore e produttore di questo progetto. Fondato nel 1995 su mia iniziativa insieme a un gruppo di editori ed esperti specializzati in comunicazione dell'arte e del patrimonio culturale, ha affrontato con successo il raccontare la storia del Mediterraneo – e successivamente anche di altre parti in Europa e nel mondo – presentandola sempre dal punto di vista locale e quindi collaborando esclusivamente con esperti del posto. Un metodo di lavoro definito in ogni suo aspetto, facilita la contestualizzare delle singole iniziative e garantisce l'omogeneità del programma. Per saperne di più sulle attività di Museo Senza Frontiere, organizzazione non profit, vi invitiamo a visitare il nostro portale www.museumwnf.org.

Spero che questa guida riesca a stupirvi e a farvi vivere momenti di grande emozione!

Eva Schubert
Presidente e direttore
Museum With No Frontiers [MWNF]

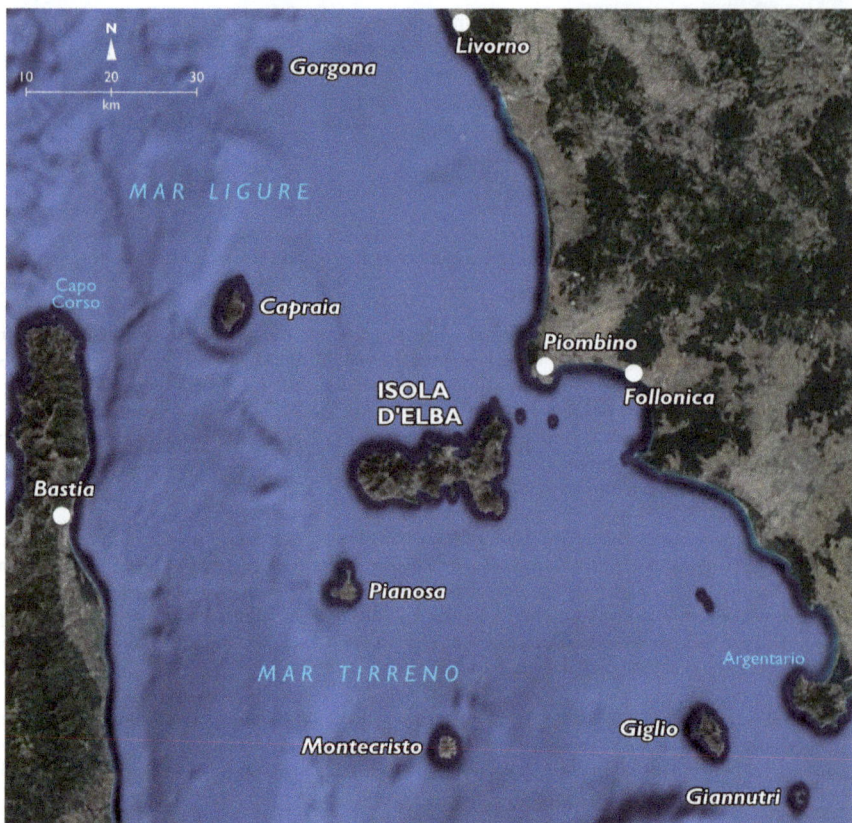

L'Isola d'Elba (Arcipelago Toscano)

Portoferraio e il suo territorio ripartito nei tre Percorsi

SOMMARIO

Bernardino Barbatelli Poccetti, Assurgunt Ilvae Turres, dettaglio dell'affresco nella volta, ingresso Istituto degli Innocenti, Firenze

Giuseppe Massimo Battaglini

*Museo Civico
Archeologico
della Linguella*

La storia del territorio di Portoferraio nell'antichità si confonde nella più ampia unità dell'isola e dell'intero Arcipelago Toscano. Il primo riferimento topografico al sito specifico piuttosto che all'isola, è dato dalla affascinante tradizione letteraria e toponomastica sul legame che associa la costa settentrionale, dalle Ghiaie verso l'Enfola, al mito degli Argonauti.

Fino al periodo romano l'insediamento umano ha privilegiato il territorio relativamente più lontano dalla costa, per quanto possibile in un'isola. Rappresentativo di questa fase è certamente il Castiglione di San Martino nella valle omonima, in posizione simile al Monte Castello di Procchio e al Castiglione di Campo. I risultati di scavo dei primi due siti sono ottimamente presentati nel Museo Civico Archeologico della Linguella.

In epoca romana, in cui il mare è assolutamente pacificato sotto il controllo della flotta dell'Urbe, la penisola e il golfo di *Fabricia* accolgono due grandi insediamenti, la villa urbana della Linguella, e quella sul promontorio che la fronteggia, la villa rurale delle Grotte. Il sottosuolo del centro storico di Portoferraio restituisce frequentemente resti romani, completamente coperti dalla città di fondazione cinquecentesca.

*Villa romana
delle Grotte*

La rovina dell'impero romano vede ancora una volta l'allontanamento dell'insediamento dalla sede attuale, alla ricerca di spazi più sicuri, che offrano alle spalle la possibilità di risalita dal mare sulle colline, in caso di pericolo. Indicativi in questo senso il Volterraio, Le Trane con Santo Stefano, il Colle di Santa Lucia.

Il secondo percorso conduce alla visita della città medicea, lorenese e napoleonica, la città fondata da Cosimo de' Medici nel 1548, e dal figlio e successore nel

Le Fortezze Medicee dal Forte Inglese

Granducato, Francesco, fino alla estinzione della dinastia medicea nel 1737 e al passaggio ai Granduchi della famiglia Asburgo-Lorena. Questa fase storica di fondamentale importanza per la città, trova ricco approfondimento nella mostra permanente dedicata a Cosmopoli all'interno del cinquecentesco Forte Falcone.

Altrettanto affascinante è la presenza napoleonica a Portoferraio, dall'assedio del 1801 all'incorporazione dell'isola nel territorio metropolitano francese nel 1802, unico lembo di Toscana a subire tale sorte, fino ad arrivare alla primavera del 1814. La città, già governata da oltre un decennio da Napoleone nell'ambito della Repubblica prima, e dell'Impero poi, diventa la capitale del piccolissimo stato sovrano dell'*Empereur* dopo l'abdicazione e il trattato di Fontainebleau. Portoferraio-Cosmopoli, conosciuta in Toscana e in Europa fin dalla fondazione medicea, si pone ora all'attenzione e alla curiosità del mondo intero.

La breve sovranità elbana dell'imperatore rivoluzionò la vita della città, con le due residenze imperiali, la piccola reggia della Palazzina dei Mulini, in città, e la *maison privé* della Villa di San Martino, in campagna.

Dall'Elba, sotto le insegne della bandiera delle tre api d'oro, Napoleone iniziò la sua incredibile avventura che andrà sotto il nome di 'cento giorni'. Dall'isola l'aquila imperiale risalirà fino a Parigi, per poi cadere definitivamente sul campo di Waterloo.

Con la Restaurazione, il Congresso di Vienna eliminò definitivamente il Principato di Piombino e l'enclave del Regno di Napoli a Porto Longone (odierna Porto Azzurro), confermando con ciò in toto l'unificazione napoleonica dell'isola avvenuta nel 1802. Portoferraio conservò quindi la funzione acquisita in epoca napoleonica, di capoluogo dell'isola, equiparata alle più importanti città del Granducato.

Le idee della Rivoluzione Francese importate da Napoleone, trovarono grande sviluppo nei decenni successivi, con una attiva partecipazione dei portoferraiesi ai moti risorgimentali che porteranno all'entrata plebiscitaria del Granducato di Toscana nel regno sabaudo e alla successiva integrazione nel Regno d'Italia.

Il XIX secolo vede un territorio che vive essenzialmente di marineria, di saline, di tonnara, di agricoltura e di pubblica amministrazione, civile, militare e carceraria, col bagno penale della Linguella.

*Residenza
napoleonica di
San Martino*

Esattamente agli inizi del XX sec., si apre per Portoferraio, una terza grande fase, dopo quella medicea e quella napoleonica: la fase della grande industria. Inaugurata con la posa della prima pietra dell'altoforno il 13 dicembre 1900.

Il sorgere delle acciaierie a Portoferraio completa, con la fase siderurgica, il ciclo produttivo legato al ferro, estratto da secoli nel versante orientale dell'isola. Il nome dell'Elba, nella forma latina di origine ligure, di Ilva, rimarrà direttamente legato alla siderurgia italiana. Ancora in tempi recenti i problemi del più grande altoforno italiano, quello di

Forte Stella

*Portoferraio,
gli altiforni sullo
sfondo delle saline
riempite dalla
loppa, stampa,
1902*

PORTOFERRAJO. — Gli alti forni.

Taranto, sono associati consapevolmente o no, al nome nostro dell'Ilva. Il riferimento al dibattito odierno su siderurgia e ambiente, può essere utile a capire la dimensione dell'impatto che l'altoforno della Società, prima Elba, poi Ilva, ebbe un secolo fa sulla realtà dell'Elba e di Portoferraio in particolare. La città di Cosimo e di Napoleone esplode: l'altoforno si colloca fisicamente nel sistema ambientale delle saline che andavano da San Rocco a San Giovanni, meravigliosamente ritratto nel grande quadro di Giuseppe Mazzei nella Pinacoteca Foresiana. La città di impianto rinascimentale deborda fuori dalle sue mura. Si viene a creare una nuova edificazione abitativa fortemente di classe: le residenze borghesi, tra il fronte d'attacco sostanzialmente dismesso dalle funzioni militari, e il fossato del Ponticello, nella zona non a caso chiamata delle 'Palazzine' (attuale Via G. Ninci) e la residenza operaia, fuori dal fossato del Ponticello, a contatto diretto con lo stabilimento, il nostro piccolo rione Tamburi della Taranto odierna. Il centro antico reagisce per primo, in maniera più articolata e meno classista, alla gravissima crisi degli alloggi, determinata dalla forte immigrazione operaia, con la crescita generalizzata in altezza, di uno o due piani, di tutta l'edilizia civile, e con la privatizzazione del demanio militare (Forte Stella, Cammino di Ronda, Mura castellane della Darsena).

La città realizza effettivamente e completamente il suo nome storico, divenendo il più importante porto del ferro del Regno.

La vita sociale passa dalla monocultura della città di autorità politico-militare (di Cosimo e di Napoleone), a quella di città industriale, accentuando fortemente, da una parte, la sua integrazione con l'attività mineraria del versante orientale, e dall'altra la sua diversificazione dalla connotazione agricola del resto dell'isola.

La presenza dello stabilimento siderurgico rinnoverà, nel periodo tra le due guerre, l'antica importanza strategica di Portoferraio e sarà pertanto al centro dei bombardamenti aerei da ambo le parti in conflitto, negli ultimi anni della seconda guerra mondiale. Con le distruzioni della guerra finisce sostanzialmente anche la fase industriale della città, il cui altoforno verrà chiuso nell'ambito di nuove politiche siderurgiche nazionali.

Con gli anni '50 del secolo scorso comincia l'ultima fase storica della città, quella dello sviluppo turistico, all'inizio sostanzialmente legato al più grande mito della sua storia, quello di Napoleone, per poi passare a valorizzare anche, negli ultimi anni, le emergenze archeologiche del territorio e la città medicea.

L'analisi di questa ultima fase fa parte integrante del dibattito politico locale, per il quale gli autori della guida restano pienamente disponibili a dare il loro contributo di conoscenza storica, nella convinzione che essa possa aiutare a costruire un futuro migliore, per una nuova Cosmopoli, non di autorità né di industria, ma di cittadinanza attiva e di servizi alle persone.

Dalla Preistoria al Medioevo

Mario Ettore Bacci (*presentazione storico-artistica*)
Marino Garfagnoli (*presentazione naturalistica*)

Castello del Volterraio, sullo sfondo la città di Portoferraio

INTRODUZIONE

L'isola d'Elba, insieme all'Arcipelago Toscano, è stata sin dagli albori crocevia di culture e genti diverse.

Dotata di approdi celebrati nell'antichità, si è inserita molto presto per motivi logistici e per la presenza di materie prime, quali rame, ferro e granito, nelle dinamiche del commercio lungo le principali rotte del Mediterraneo.

L'Elba era *l'isola che non c'era*, almeno sino a quando circa 10.000 anni fa, dopo l'ultima glaciazione, riacquisì la sua insularità con una particolare frammentazione del territorio. Escluso il periodo Mesolitico, affatto latitante, ed esigue tracce neolitiche, le più antiche tracce di attività antropica sull'Isola, raggiungibile presumibilmente con rudimentali natanti, risalgono al Paleolitico inferiore. Tracce più consistenti e ascrivibili a diversi orizzonti culturali sono identificabili dal Paleolitico Medio fino alla fase finale dell'età dei metalli, come attestato anche da recenti scavi.

Sull'isola i rinaldoniani (cultura eneolitica che prende il nome da Rinaldone in provincia di Viterbo) nel II millennio a.C. estrassero il rame e gli Etruschi a partire dalla fine dell'VIII sec. a.C., il ferro: materia prima soggetta ad intensa attività metallurgica sino al secolo scorso.

Gli Etruschi si insediano per circa sei secoli sull'isola lasciando come testimonianza, necropoli dalle quali a volte, si può evincere l'ubicazione degli insediamenti. Insieme ad essi, i Fenicio Punici, i Focesi di Marsiglia sino ai Siracusani che, nel corso del V e IV secolo a.C., assunsero Populonia come mediatrice con diritto di 'prelazione di acquisto' del ferro elbano.

Il Tirreno considerato un 'lago etrusco', presto diventò mira della potenza greca e cartaginese e il commercio del materiale grezzo, in epoca ellenistica, viene tenuto sotto controllo dalle cosiddette fortezze d'altura che subiscono dopo la prima guerra Punica (264 a.C.), una violenta distruzione ad opera dei romani che inaugurarono così un'occupazione stabile dell'Elba. Circa due secoli dopo, pacificate le acque toscane da Gneo Pompeo (67 a.C.) e cessata l'attività siderurgica, sorgono le ville delle delizie dove si pratica l'*otium* e non si disdegna il *negotium*: basti citare le attività estrattive di pregiato granito utilizzato anche per la costruzione del Pantheon e del Colosseo. Testimonianze di cisterne, condutture, reperti musivi, lucerne, monete, lapidi di marmo con epigrafi latine, lacerti di mura e almeno tre necropoli (Forte Stella, Mulini e Fortezza degli Altesi) risalgono alla cittadella romana che eruditi del '700 battezzarono *Fabricia*. Sopra le sue antiche stratigrafie insistono le attuali fondamenta della città di Portoferraio e precedentemente quelle della Cosmopoli medicea.

Tramontato il dominio romano, il Mediterraneo occidentale torna insicuro. Scarse, se non assenti, le fonti relative all'occupazione dei Goti, Longobardi e Franchi. La Repubblica marinara di Pisa tuttavia, riuscì a contrastare efficacemente le minacce saracene. Nel periodo romanico, sotto l'egida culturale ed artistica pisana, sorgono, sobrie ed eleganti, diverse pievi in granito ed ecclesie. Tra queste ultime, Santo Stefano alle Trane rimane l'unica attualmente aperta al culto a Portoferraio, mentre la pieve dei ss. Giovanni e Silvestro, in prossimità di Monte Orello, non sopravvisse alle scorrerie moresche.

Parte A (intera giornata)
La nascita di Fabricia e la sua eredità medievale

Mario Ettore Bacci (*presentazione storico-artistica*)
Marino Garfagnoli (*presentazione naturalistica*)

I.A.1. Museo Civico Archeologico della Linguella (1)
I.A.2. Villa romana della Linguella (2)
I.A.3. Castiglione di San Martino
I.A.4. Scavi archeologici di San Giovanni
I.A.5. Villa romana delle Grotte
I.A.6. Chiesa romanica di Santo Stefano alle Trane
I.A.7. Castello del Volterraio

Approfondimenti
La lavorazione del ferro
Fabricia

I numeri su fondo ocra si riferiscono alla cartellonistica comunale in situ.

Notizie utili
Il percorso si svolge in parte nel centro storico, in parte nel territorio intorno alla rada di Portoferraio. L'itinerario descritto richiede un mezzo di trasporto proprio e la disponibilità di un'intera giornata. Per possibilità di parcheggio in prossimità del centro storico vedere pagina 133. Orari e modalità di accesso a musei e siti sono riportati nelle rispettive schede. Per la visita dei siti fuori città, in particolare il Castello del Volterraio, sono consigliate comode scarpe da tennis o per trekking. Segnaliamo che la Villa romana delle Grotte al momento della pubblicazione di questa guida, non è visitabile (per aggiornamenti rivolgersi ai contatti indicati nelle pagine di frontespizio).

I.A.I. Museo Civico Archeologico della Linguella

Cartellonistica comunale, Itinerario ocra (Sito Romano) n° I
Geo 42.812372,10.330801

Orario (si consiglia di verificare prima della visita)
Dalla vigilia di Pasqua al 3 novembre: 10.00-12.30 / 14.30-18.40.
Ingresso a pagamento; disponibilità di biglietti cumulativi (Cosmopoli Card).
Per informazioni: Cosimo De' Medici (vedere seconda di copertina).

Percorrendo la Darsena in direzione del centro storico, lasciando a sinistra la Porta a Mare si prosegue fino alla Capitaneria di Porto e quindi al Museo Civico Archeologico ubicato nella zona della Linguella, la striscia di terra, avamposto di uno dei porti più sicuri del Tirreno settentrionale. Negli ex magazzini del sale e della tonnara, nel 1987 fu effettuato l'allestimento storico-topografico, su due piani, dei reperti risalenti all'VIII sec a.C. fino al V sec. d.C. che costituiscono il nucleo principale del Museo.

Il percorso di visita del Museo si svolge in senso antiorario. Nella prima sala, suddivisa in due navate, sono esposte anfore commerciali rinvenute nelle acque dell'Elba, Montecristo e Capraia. Di seguito i materiali in bronzo dei ripostigli di Colle Reciso e Santa Lucia. In fondo alla navata si possono osservare le testimonianze connesse alle due 'fortezze' di Monte Castello di Procchio e di Castiglione di San Martino. Sedi provvisorie di piccole guarnigioni, questi siti hanno restituito materiali vari come vasellame da mensa o il contenuto di grano carbonizzato di anfore puniche: indizio della distruzione operata dai Romani. La presenza di anfore greco-orientali e focesi di Massalia, l'antica Marsiglia, sono la dimostrazione della vivacità dei proficui scambi con i centri costieri.

Si passa quindi ad alcuni relitti: da quello di Montecristo, Cala del Diavolo, della prima metà del III sec.a.C. con il suo carico da Minturno, in Campania e l'ancora che ha assunto un aspetto suggestivo con le cop-

*Museo Civico
Archeologico
della Linguella*

pette attaccate alle sue concrezioni marine; alle anfore allungate e strette, marchio tutto italico, del relitto di Sant'Andrea.

Se assenti in loco sono le strutture abitative, numerosi sono invece, i materiali provenienti dalle necropoli: quella del Profico, a Capoliveri, con importazioni a largo spettro che ci ricordano gli stretti rapporti con Populonia, ceramiche laziali, calene, campane sino a quelle di Volterra e di Cosa. Di notevole interesse l'Ara realizzata con il granito di Seccheto, dedicata ad Ercole da Attiano, prefetto del pretorio dell'imperatore Adriano.

Delle ville delle delizie di cui si abbellì l'isola, si possono apprezzare pochi ma significativi frammenti di vasi, anfore, lastre fittili nonché di pavimentazione a mosaico. Al piano superiore sono esposti modesti materiali, quali terre sigillate, ceramica da cucina e lucerne, ma con forte rilevanza documentaria relativa alla piccola cittadella romana, connessa alla presenza delle ville, che eruditi del '700 battezzarono *Fabricia*. Il centro cittadino doveva estendersi nelle attuali piazze Cavour e della Repubblica, a ridosso degli attracchi presso l'attuale Porta a Mare. *Extra moenia*, verso gli Altesi e il Falcone furono collocate le necropoli come attestato da epigrafi che testimoniano la presenza consistente di liberti, probabili ex schiavi minatori.

In una nicchia a sinistra, gli esigui resti di un ben più esteso carico del relitto di Chiessi, con anfore ispaniche di epoca imperiale dirette probabilmente ad Ostia. Provengono invece dalla rada e da relitti recuperati a Porto Azzurro, materiali con datazione varia fino al V sec. d.C.

Alcuni reperti archeologici rinvenuti nel comune di Portoferraio nel corso dell'800, attualmente sono conservati tra gli altri, nel Museo Nazionale di Napoli e a Firenze, presso il Museo e Istituto di Preistoria e il Museo di Storia Naturale.

La lavorazione del ferro

L'isola d'Elba era nota ai greci come l'isola delle scintille cioè 'Aethalia' (Ecateo di Mileto, VI sec. a.C.) o, in epoca medievale, come 'Rufa', cioè fuligginosa e rossa per il colore della terra pregna di materiali ferrosi. Tuttavia conobbe, secondo alcuni antichi autori (Pseudo Aristotele II sec. a.C.) in epoca protostorica, un'altra risorsa: l'estrazione e la lavorazione del rame. La presenza di piccoli depositi cupriferi (Santa Lucia, valico di Colle Reciso, Monte Orello, Monte Perone, Volterraio e altri) sembrerebbe avvallarlo.

L'estrazione del ferro ebbe luogo a partire dalla fine dell'VIII sec a.C. ad opera degli Etruschi. L'attività si è protratta dall'antichità, anche in epoca romana, al medioevo, in periodo rinascimentale e oltre, passando dai fuochi in buca o troncoconici, agli altiforni degli inizi del secolo scorso. Ne sono testimoni i forni fusori con decine di resti di 'fabbrichili' o 'schiumoli', cioè il risultato di riduzione in masse di quelle che Varrone definiva 'terra ferri', terra di ferro, che attraverso una organizzazione industriale di estrazione (con metodo diretto) del materiale grezzo venivano inviati a Populonia per ottenere il prodotto finito.

L'utilizzo del ferro elbano nel corso dei secoli, non fu finalizzato solo a scopi pacifici, per l'agricoltura o per fondare città (ad esempio Lucca e Luni nel 177 a.C.), ma anche a forgiare le armi dei legionari romani, le lance e mazze dei cavalieri pisani, palle di cannone e baionette spagnole e francesi sino agli armamenti del secondo conflitto mondiale.

Dall'XI sec. in poi le miniere sono di proprietà, con diverse declinazioni, dei vari governi che si sono succeduti sull'isola: dalla Repubblica marinara di Pisa, con i 'Fabri itineranti', metallurgisti specializzati di fornace, ai principi di Piombino, dal Granducato toscano al Regno di Napoleone, (la concessione delle miniere fu pertinenza della Repubblica francese nel 1802 quindi fu concessa all'impresa 'Boury & Chevalier'. Nel 1809 fu trasferita in dote all'Ordine della Legion d'Onore e affidata al solerte ex ufficiale di Marina André Pons de l'Héraults, attento anche ai consigli dell'esperto e fedele generale Drouot, giungendo infine al Regno d'Italia.

Se la peste nera, nel corso del XIII secolo mieté vittime tra i Fabbricherii, manodopera addetta all'estrazione, non consentendo più di mantenere la quantità di prodotti preventivati, il XVI sec. vide le attività produttive trasferirsi sul continente per la penuria di combustibile fossile e di risorse idriche per alimentare i nuovi forni a riduzione indiretta.

Il governo granducale con 'motu proprio' del 24 settembre 1840 fissa il diritto di scavare il minerale nei terreni privati. Dopo una parentesi di 'Amministrazione Cointeressata' tra le Reali Miniere del ferro dell'isola d'Elba e alcune fonderie in terraferma, e il successivo affidamento alla Banca Generale attraverso un Consorzio, viene stipulato un affitto con il cavaliere Ugo Ubaldo Tonietti sino al 1899 con la nascita della Società Anonima di Miniere ed Altoforni. Il minerale dell'Elba, dalla magnetite alla pirite, diviene sorgente prima dell'acciaio nell'ambito della moderna siderurgia. Si passa dalla S.p.A. Elba del 1924 all'ILVA nel 1931, dalla Ferromin nel 1939 all'Italsider negli anni '70 del Novecento.

Come accadde alla fine del I sec. d.C. in un impero romano pacificato, per la concorrenza di altre province: dalla Spagna, all'Oriente, alla Carinzia; negli anni '50 del secolo scorso il ferro elbano segnò il passo, giungendo alla chiusura nel 1981 dell'ultima miniera, quella del Ginevro con circa 40 milioni di tonnellate di minerale estratto nel corso dei secoli.

Attualmente alcune aree dismesse sono state convertite in Parco minerario.

m.e.b.

I.A.2. Villa romana della Linguella

Cartellonistica comunale, Itinerario ocra (Sito Romano) n° 2

Geo 42.812102,10.330292

Contigua al Museo Archeologico, in prossimità della Torre della Linguella detta anche del Passanante.
Orario (si consiglia di verificare prima della visita)
Dalla vigilia di Pasqua al 3 novembre: 10.00-12.30 /14.30-18.40.
Ingresso a pagamento, compreso nel biglietto del Museo Archeologico (pagina 20).
Per informazioni: Cosimo De' Medici (vedere seconda di copertina).

Villa romana della Linguella, parzialmente occupata dalle fortificazioni medicee

La Linguella, come evoca il nome, è una stretta fascia di terra che si protende nel mare, separando il porto dal golfo di Portoferraio.

Area strategica, nel corso della storia, ha visto diversi interventi costruttivi con relative stratificazioni, dall'epoca romana a quella rinascimentale.

Immediatamente adiacente al Museo Archeologico, la parte più antica della villa per effetto del bradisismo marino, risulta sommersa. In passato quindi, la linea costiera era più arretrata e la villa doveva estendersi verso l'attuale centro storico della città. Il complesso, parzialmente sconvolto dai lavori cinquecenteschi per le fortificazioni medicee, si suddivide in due aree: una parallela al bastione di San Francesco, l'altra posizionata nell'area centrale.

Dell'impianto originario con reperti eclettici che vanno dal I sec. a.C. al I sec. d.C., rimangono esigue tracce. Tuttavia la Villa era dotata di impianti termali come un *laconicum*, una sorta di sauna a pianta centrale absidata, con mattonelle esagonali in marmo palombino di cui la strada per accedere alla Torre del Passanante, ne ha decurtato circa la metà.

Nel corso del II sec. si ampliano alcuni ambienti nel quartiere residenziale con l'aggiunta di una sala per banchetto (*triclinium*). Successivamente, agli inizi del III sec., periodo di massimo splendore, si profilano nuove stanze con pavimenti a mosaici policromi e disegni geometrici, affiancate da sale con pavimento in *opus sectile* caratterizzato da lastre e motivo a stella in marmi grigi e rosa.

In età tardo antica ci sono ulteriori tracce di frequentazione, per esempio in alcuni ambienti contigui all'area del bastione di San Francesco, dove si nota la presenza di una capanna con reimpiego di laterizi romani. Alcuni ambienti della villa vengono

Villa romana della Linguella, dettaglio di un mosaico pavimentale

riutilizzati come spazi abitativi per gruppi di persone probabilmente addetti ai servizi di appoggio alla navigazione, connessa alla lavorazione dei minerali elbani. Nel V sec. la Villa è stata definitivamente abbandonata.

Fabricia

Portoferraio, per le caratteristiche naturali dell'insenatura, è considerata uno dei porti più sicuri del Mediterraneo. Fonti letterarie del V sec. a.C. definiscono i suoi approdi 'glaucós' con riferimento al colore bianco delle rocce e spiagge del litorale settentrionale: indicazione utile per la navigazione a vista praticata nell'antichità. In particolare l'approdo delle Ghiaie, denominato 'Porto Argos' risulta connesso al leggendario sbarco degli argonauti. Il mito narra che le pietre bianche siano state screziate di nero (aplite tormalinica) perché 'impregnate' dalle lacrime degli inconsolabili guerrieri che ormai disperavano di poter trovare il vello d'oro.

L'interesse che promosse le ricerche dell'abitato di epoca romana, nasce sostanzialmente in ambienti eruditi del Settecento (S. Lambardi, 1791) che battezzarono la città Fabricia (toponimo che allude alle attività siderurgiche presenti in zona).

A partire dal I sec. a.C.- I sec. d.C. epoca eclettica, Fabricia vive i prodromi dell'espansione edilizia. Testimonianza ne è la fondazione della Villa della Linguella, la costruzione di edifici al Forte Stella e in Piazza Cavour e la presenza di anfore italiche e un contenitore (dolio), che attestano vivaci flussi tirrenici attraverso relazioni negoziali tra l'Elba e l'Impero.

I nuclei abitativi, socialmente differenziati e distanziati tra loro, da quelli patrizi della Linguella e di Forte Stella, alle dimore comuni (all'estremità occidentale di Piazza Cavour), sono importanti indicatori dell'estensione della cittadina romana.

Aree destinate ad uso sepolcrale sono state individuate presso la Chiesa delle Anime, nella zona degli Altesi e ai Mulini (parte di Via della Regina e Via V. Hugo). Le necropoli hanno restituito alcune epigrafi dalle quali si evince che la popolazione era formata soprattutto da servi (schiavi) e liberti che raggiunsero, comunque, un discreto tenore di vita: piccoli imprenditori o operai specializzati ai quali venivano appaltati ridotti settori di cave di granito.

Lastra in terracotta con Psiche alata che nasce da un cespo di acanto, Museo Civico Archeologico della Linguella

Sono state segnalate anche diverse tombe ad inumazione, con struttura muraria o con copertura marmorea.

Tra i ritrovamenti idraulici, significativa è una fistula plumbea con l'iscrizione 'P.ACILI ATTIANI' (Publio Acilio Attiano), prefetto del pretorio di Adriano. Presumibilmente il proprietario della Villa della Linguella, nonché committente dell'ara in granitello dedicata ad Ercole esposta nel Museo Archeologico.

Tra la metà del I sec. d.C. e la metà del III sec. d.C. si registra l'acme dell'intervento urbanistico e della vitalità mercantile di Fabricia: il cuore pulsante del potere politico si concentra nella zona occidentale di Piazza della Repubblica, mentre il resto dell'insediamento abitativo si estende nella zona pianeggiante, da Porta a Mare a Via dell'Amore sino a Porta a Terra.

Alla fine del III sec. inizia la fase di declino.

In seguito a ricerche sulle cavità artificiali del sottosuolo della città di Portoferraio, compiute dal Gruppo speleologico C.A.I. di Pisa (Luglio 1996, 1997) si è potuto confermare la zonizzazione della Fabricia romana.

In Piazza Padella, per esempio, nella struttura centrale, è stato rinvenuto un pozzo-cisterna voltato in laterizio e con pareti rifinite in serpentino. Utilizzato nel corso dei secoli, si possono enucleare, dalla tipologia e dalle concrezioni presenti, le origini di epoca romana, come è anche il caso degli ambienti sotto Piazza Solferino dove sono state perlustrate cisterne di diversa ampiezza, con pavimentazione in cotto e spesse mura in opus reticolato. Queste strutture, verosimilmente, furono utilizzate come cripta per il culto, durante il medioevo e adattate a cisterna in età rinascimentale.

m.e.b.

Nota

Rendere fruibili al pubblico le superstiti vestigia romane, anche parzialmente, è impresa ardua. Le attuali fondamenta e condutture fognarie di Portoferraio, insistendo sulle strutture ipogeiche, ne compromettono l'agibilità.

I.A.3. Castiglione di San Martino

Geo 42.78626,10.287396
Nome locale: Castiglioncello
Altitudine m 135
Lunghezza km 1,2
Percorrenza 20'

La via di accesso al colle che ospita i resti di un villaggio d'altura etrusco, inizia dal parcheggio della residenza napoleonica di San Martino. In circa 20 minuti di passeggiata nel bosco, immersi nella rigogliosa cornice della vegetazione mediterranea si raggiunge la sommità della collina. Attualmente tale via di accesso è difficilmente percorribile in quanto risulta ostruita dall'esuberanza della vegetazione mediterranea e dalla scarsa manutenzione. Consigliamo di utilizzare un percorso alternativo. Dalla strada asfaltata che conduce a San Martino, dopo circa 450 metri dalla intersezione con la strada provinciale Portoferraio-Procchio, si prende la terza deviazione a destra, passando attraverso l'ampia vallata agricola di San Martino. La piccola strada di campagna corre alle pendici delle colline soprastanti e inizia a salire incuneandosi tra due rilievi. Dopo 1,2 km (circa 20' a piedi) si giunge in prossimità di un'abitazione.

I proprietari fino ad alcuni anni fa erano i custodi dell'area per conto della Soprintendenza Archeologica; per accedere ai resti del villaggio si passa di fronte alla casa ed è quindi necessario avvisare per segnalare la visita. A prima vista sembra di trovarsi di fronte a una estesa pietraia con massi erratici giganti, circondati dall'intrico profumato e colorato della vegetazione, ma ad una lettura attenta del territorio si possono leggere le tracce degli scavi archeologici e delle mura perimetrali del villaggio. La natura ha riconquistato il suo territorio e le testimonianze archeologiche. In attesa di tempi migliori per il loro recupero e la loro valorizzazione, le vestigia restano sommerse da fitta vegetazione mediterranea, su cui predomina la pungente ginestra spinosa (Calicotome spinosa).

Si tratta di un presidio fortificato etrusco con cinta muraria irregolarmente rettangolare (21x42 m), realizzata con muri in mattoni crudi sovrapposti a secco su zoccolo di pietra locale.

Le diverse fasi abitative si articolano in un arco cronologico che va dalla prima metà del IV sec. a.C. sino al 250 a.C. circa, cioè fino alla conquista romana dell'isola. Sono visibili livelli di incendio e distruzione che risalirebbero appunto al III sec.a.C.

La coincidenza cronologica e le caratteristiche dei materiali rinvenuti collegherebbero il sito alla fioritura di Populonia che oltre ai domini di terraferma esercitava anche il controllo sull'isola.

La tradizione orale narra la presenza di un porticciolo alla base della collina che consentiva di raggiungere il litorale di Portoferraio mediante un fosso navigabile.

Come altre fortezze d'altura presenti su altri promontori (Monte Fabbrello, Monte Castello e altri), il Castglioncello era posto a guardia delle antiche attività siderurgiche.

Fra i materiali archeologici qui rinvenuti, conservati nel Museo Civico Archeologi-

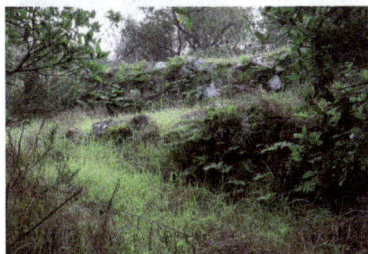

Castiglione di San Martino, resti del presidio etrusco fortificato

co della Linguella, si segnala la presenza di anfore etrusche, ceramiche greche e greco-italiche oltre a una moneta bronzea da Populonia.

I.A.4. Scavi archeologici di San Giovanni

Geo 42.803005,10.31762
Lunghezza km 1,2
Percorrenza 30'

Uscendo da Portoferraio in località Carpani (quartiere che prende nome dall'omonima Via che lo attraversa, dedicata a Marc'Antonio Carpani (1622-1687), comamdante militare dello Stato di Piombino, si percorre la provinciale in direzione Porto Azzurro-Cavo. Dopo circa 1 km, alla fine del rettilineo, si svolta a sinistra e si percorre un breve tratto di strada sterrata.
Proprietaria del terreno, soggetto alla ricerca archeologica, è la famiglia Gasparri, per informazioni email:
lallapag@libero.it. Durante le campagne di scavo, previste nei prossimi anni, nei mesi di settembre e ottobre, è possibile visitare il sito, previo appuntamento.
Per la visita alla Salina di San Giovanni vedere Percorso III.A., pagina 107.

La campagna di scavo iniziata nel settembre del 2012, è stata data in concessione all'Università di Siena, dalla Soprintendenza per i Beni archeologici della Toscana. La ricerca, mirata sulla base di prospezioni geofisiche, al rinvenimento di forni antichi per la fusione del minerale, ha sortito la sorpresa di un imponente complesso, sviluppatosi nella rada di San Giovanni alla fine dell'età repubblicana. Esso risulta costituito da un esteso edificio suddiviso in tre ambienti, due dei

quali comunicanti, che si affacciano su di un vasto cortile. All'interno sono state evidenziate cinque *dolia de fossa*, grandi orci interrati, utilizzati per la fermentazione del mosto o conservazione del vino, capienti sino a mille litri, e alcune anfore italiche.

Delle pareti rivestite di intonaco bianco, realizzate in argilla cruda a graticcio (incannicciato), tecnica largamente praticata in molte domus pompeiane, si sono conservati a causa di un violento incendio che ne ha sigillato le impronte, solo frammenti di argilla di rosso intenso e resti lignei carbonizzati. I pavimenti erano decorati con coccio pesto o inserti di tessere di mosaico. L'edificio e i dolia risalgono a un periodo compreso tra il II e il I sec. a. C., l'abbandono è avvenuto nel secolo successivo. Tutti i dati, compresi quelli logistici, collimano con l'appartenenza della struttura alla Villa romana delle Grotte situata sul promontorio adiacente, della quale costituiva la *pars rustica* non ancora individuata durante gli scavi degli anni sessanta.

Dolia interrati,
Scavi di
San Giovanni

Portoferraio,
vista dalle Terme
di San Giovanni

I.A.5. Villa romana delle Grotte

Geo 42.812102,10.330292

Sulla provinciale per Porto Azzurro, dopo ca. Km 2.5 da Portoferraio, sulla sinistra del promontorio omonimo.
Terreno di proprietà della Fondazione 'Villa romana delle Grotte'.
Orario (si consiglia di verificare prima della visita)
Dalla vigilia di Pasqua al 16 giugno e dal 16 settembre al 3 novembre (solo venerdì, sabato, domenica e festivi):
10.00-12.30 / 14.30-18.40.
Dal 17 giugno al 15 settembre: 10.00-12.30 / 17.00-20.00
Ingresso a pagamento; disponibilità di biglietti cumulativi (Cosmopoli Card).
Per informazioni: Cosimo De' Medici (vedere seconda di copertina).

Per visite fuori dai periodi indicati, info e prenotazioni:
Tel: +39 327 8369680
Email: villadellegrotte@gmail.com

Ben nota agli eruditi locali del XVIII secolo, è stata oggetto di indagine negli anni '60-'70 con diverse campagne di scavo a cura della Soprintendenza archeologica.
La Villa sorge sul promontorio che delimita verso sud-est il golfo di Portoferraio. La fondazione coincide con quella della Linguella anche se l'abbandono è precedente, intorno alla seconda metà del I sec. d.C. Successivamente fu riutilizzata dalle prime comunità monastiche giunte nell'Arcipelago Toscano. Realizzato in *opus reticulatum*, ovvero pareti a reticolo diagonale, in base alla disposizione di tufelli (*cubilia*) in roccia ofiolitica (pietre verdi) ancora presenti *in situ* e pietra calcare, il

complesso architettonico si presentava in forme compatte 'a blocco', strutture di terrazzamenti modellati sulla collina su una superficie di due ettari e con opere di sostruzione con volta (da cui il toponimo Le Grotte).

La Villa si estendeva longitudinalmente, all'interno si accedeva costeggiando una vasca rettangolare con esedra semicircolare sul lato meridionale. Al centro c'era un condotto in muratura che sboccava sulla terrazza sottostante, lato mare, dove si apriva un giardino e un ninfeo con piscina circondata da un peristilio con colonne in laterizio, rivestite in stucco.

Dei tre giardini che la componevano, se ne riconosce uno lungo la linea litorale, un *hortus conclusus* (orto-giardino recintato) con pareti ricche di affreschi. La zona residenziale comprendeva oltre ai quartieri dei padroni di casa, un'area termale con *calidarium* e *frigidarium*. La pavimentazione, in *opus sectile*, cioè con l'utilizzo di sottili sezioni di marmo, riportava suggestive tricromie geometriche in ardesia, palombino e cipollino.

I servizi della villa (magazzini) si sviluppavano oltre la strada provinciale fino all'acquedotto di Monte Orello che alimentava le cisterne.

La villa era raggiungibile anche via mare, attraverso un piccolo approdo in granito, posto in una insenatura del golfo sottostante.

Da un'elegia del poeta Ovidio deduciamo che la villa era probabilmente di proprietà del suo amico Massimo Cotta.

Dopo il suo abbandono, la frequentazione di una piccola comunità cristiana intorno al IV sec. sino al VI sec. è attestata dalla presenza di ceramiche, anfore da olio e da vino di manufatura nord-africana e siro-palestinese provenienti da Marsiglia, oltre che dalla sepoltura di tre corpi i cui resti sono stati rinvenuti lungo i muri, privi di corredo. La comunità con tutta probabilità perseguì gli insegnamenti

Villa romana delle Grotte

di Sant'Ambrogio e San Girolamo che implicavano il ritiro dalla vita civile. Tali costumi sono fatti oggetto di disprezzo da parte del poeta Rutilio Namaziano (V sec.) quando ricorda i cristiani ritiratisi a Capraia e Gorgona come *nemici della luce e alieni alle regole della società civile*.

Le volte a botte che sostenevano le scalinate di accesso al piano residenziale, furono trasformate con materiali di recupero, in ambienti chiusi. La malta romana viene sostituita da grossi e approssimativi nuclei di calce, nel tentativo di creare nuovi ambienti suggestivi, evocando talora, disposizioni cruciformi.

I.A.6. Chiesa romanica di Santo Stefano alle Trane

Geo 42.791614,10.367831

In località I Molini, nei pressi della frazione Magazzini-Le Trane.
Tempi di percorrenza: da Portoferraio si prende la provinciale per Porto Azzurro, deviazione per Bagnaia sino a Magazzini, ca.30 minuti. Aperta al culto, si può contattare la custode (Tel. 3284170948).

Santo Stefano alle Trane

Questa pieve romanica fu edificata tra l'XI e XII sec. presso l'insediamento medievale scomparso di Latrano o Laterano, di cui si ravvisano esigue tracce di fondamenta sulle pendici di una collina situata ad est della Chiesa.

La Pieve, dal latino *Plebs*, era una chiesa rustica del popolo alla quale andavano direttamente le decime dei contadini e degli abitanti di un villaggio. Spettava alla Pieve accudire gli indigenti, amministrare i sacramenti e seppellire i poveri nelle sue vicinanze. Le fondazioni seguivano esigen-ze logistiche, quindi di comunicazione tra i diversi centri abitati, da un versante all'altro dell'isola.

L'edificio di Santo Stefano alle Trane trova puntuali confronti, per struttura e sintassi decorativa, con lo stile romanico pisano. Esempi simili sono osservabili presso chiese sarde e corse. Ad aula unica, trapezoidale, con abside singola, allineata da est a ovest.

La facciata è spartita in basso da un'arcata che sottolinea la porta d'ingresso, altre arcate cieche sono separate da paraste desinenti su un timpano delimitato da cornici. Lungo le pareti laterali si aprono due ingressi secondari. Due finestre monofore sono presenti nella navata, una nell'abside, delineata da piccoli archi pensili con decorazioni zoomorfe e protomi antropomorfe. Un'apertura cruciforme segna la sommità della facciata e della parete absidale, nessun elemento architettonico sottolinea il raccordo tra le pareti e le fondazioni. La muratura è rivestita da bozze di uguale altezza in filaretti orizzontali di calcare policromo con interventi successivi nella messa in opera lungo il paramento. Più evidente irregolarità si osserva nella parte meridionale, in relazione al cedimento strutturale non sufficientemente ripristinato.

Santo Stefano alle Trane (interno)

I.A.7. Castello del Volterraio

Geo 42.802541,10.383483
Altitudine m 394
Dislivello 210-394
Lunghezza km 1,5
Percorrenza 1 h 30' (andata e ritorno)
Difficoltà media: percorso ripido e sassoso sconnesso
Per informazioni ed escursioni guidate: Infopark (vedere seconda di copertina).

In direzione Porto Azzurro dopo aver percorso circa 6 km si giunge ad un bivio, si prende a destra verso Magazzini-Bagnaia e dopo 3,5 km si arriva alla deviazione per Rio nell'Elba, a destra della deviazione si imbocca la strada per il Volterraio. Percorsi circa 1,6 km si arriva presso due costruzioni belliche e un rudere, situati a sinistra di un piccolo piazzale che si può utilizzare per eventuale sosta. Sono in corso lavori di restauro che potrebbero temporaneamente limitare le possibilità di accesso al Castello.

Il Castello del Volterraio domina la rada di Portoferraio

Il Volterraio è il castello per antonomasia dell'Elba, maestosa fortezza mai espugnata nella storia dell'isola. Il Parco Nazionale dell'Arcipelago Toscano, attuale proprietario, sta curando lavori di recupero e restauro. La fortezza svetta sul golfo di Portoferraio dai suoi 394 m di altitudine, offrendo un panorama straordinario e completo sulla città medicea e dal versante occidentale, nelle giornate chiare, sui monti della Corsica. Appare da lontano come un prolungamento naturale delle rosse rocce di diaspro sui cui è incassato.

Lo spiazzo da cui inizia il sentiero di ascesa, accoglie purtroppo, diversi esemplari di ailanto (Ailantus altissima) dal tronco fragile e dall'odore sgradevole, pianta infestante che proviene dall'oriente, introdotta per scopi ornamentali, ma che sta distruggendo, là dove è presente, il panorama vegetale autoctono.

Il sentiero non facilissimo, in certi tratti è molto ripido e sconnesso, con pietre che rendono difficoltosa la salita anche se è richiesto solo prestare la dovuta attenzione e disporre di scarpe e abbigliamento adeguati. L'associazione vegetale dominante è la gariga, in cui predominano le specie tipiche dell'ambiente mediterraneo, ma anche esemplari a cespuglio di lentisco (Pistacia lentiscus), olivastro (Olea europaea), ginepro e sporadicamente leccio. Spettacolari cuscini di ginestra (Genista desolena valsecchi) si adagiano sulle rosse rocce di diaspro. Salendo incontriamo numerosi esemplari di cisto, lavanda, elicriso, ginestra spinosa e il ginepro coccolone (Juniperus oxycedrus macrocarpa). Possiamo ammirare anche endemismi esclusivi: il fiordaliso dell'Elba (Centaurea aplolepa aethaliae) e la bocca di leone di Capraia (Linaria capraia).

L'ascesa prosegue fino ai ruderi delle mura medievali e alla chiesetta di San Leonardo. Di qui la salita è più dura e la vegetazione lascia il posto alla pietraia rosseggiante. La fatica è ricompensata dal panorama mozzafiato e dalla cornice paesaggistica. Il luogo è carico e denso di storia. La mente scorre sulle vicende passate, afferra emozioni dell'attimo presente, accompagnate dal silenzio, dal rumore del vento, dal volteggio delle poiane e di altri rapaci (il gheppio e il falco pellegrino) e dai profumi forti ed inebrianti di una natura possente.

Castello del Volterraio, dettaglio dell'interno

Castello del Volterraio, resti della cappella del sec. XVI

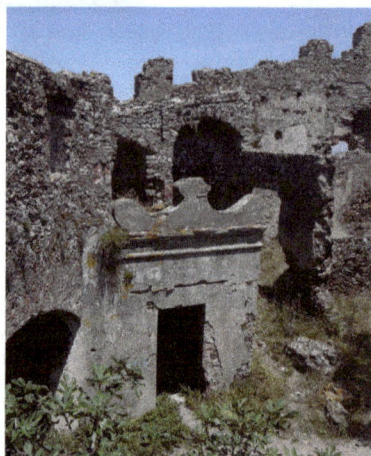

Il Volterraio è un complesso fortificato, edificato intorno all'anno Mille, probabilmente in luogo di una fortezza d'altura etrusca (il toponimo deriverebbe dal termine etrusco *Vultur*-avvoltoio).

Ristrutturato nel 1298, per nuove esigenze difensive, su progetto dell'architetto volterrano Vanni di Gherardi Rau, mantiene caratteristiche imponenti nonostante sia stato ridotto in rovina nel corso dei secoli: memorabili sono l'assedio avvenuto alla metà del Cinquecento ad opera dei corsari turchi Khair al-Din e Dragut e le insurrezioni di fine Settecento contro la guarnigione francese ivi insediata.

Ampliato da Jacopo III Appiani, in epoca
medicea il Castello viene affidato al commissario di Rio, comparendo nell'elenco
delle fortezze dello stato di Piombino, la
rocca delVolturati, sino al 1557. Successivamente il Volterraio sarà pienamente integrato nel sistema difensivo della Portoferraio granducale. La fortezza eretta su
tre pareti a precipizio su rocce diasprifere,
di forma irregolarmente ovale e con pla-
nimetria esagonale.

L'accesso avveniva con ponte levatoio e
scala lignea, successivamente in muratura
nel XVII secolo. Entrati si trova subito a
destra il pozzo della cisterna, approvvigio-
namento idrico per la guarnigione. Proseguendo si sale sul cammino di ronda, che si
allarga in un piccolo piazzale che domina
l'accesso, ove è presente una sola garitta;
punto strategico per l'artiglieria. Nella
parte più alta svetta la torre quadrangolare,
a tre livelli con merli nella parte apicale,
era questa la zona dedicata all'avvistamento con l'ausilio di fuochi e dotata, a sua
volta, di un ponte levatoio in caso di difesa estrema. Sul lato sud è presente una
struttura più tarda: un rivellino pentago-
nale con numerose feritoie, destinato ad
ulteriore difesa dell'ingresso e contenente
il magazzino della polvere da sparo. Tra i
diversi ambienti coperti, due sono identificabili sul lato occidentale: a sinistra il
deposito dell'artiglieria, comunicante con
l'esterno attraverso un pertugio e a destra

una cappella del sec. XVI sormontata da
un fregio con volute, all'interno è ancora
riconoscibile l'altare.

Nella parte centrale del Castello, ormai
non più visibili, gli alloggi per il castellano
e i soldati, con adiacente un forno.

Castello del Volterraio, cammino di ronda

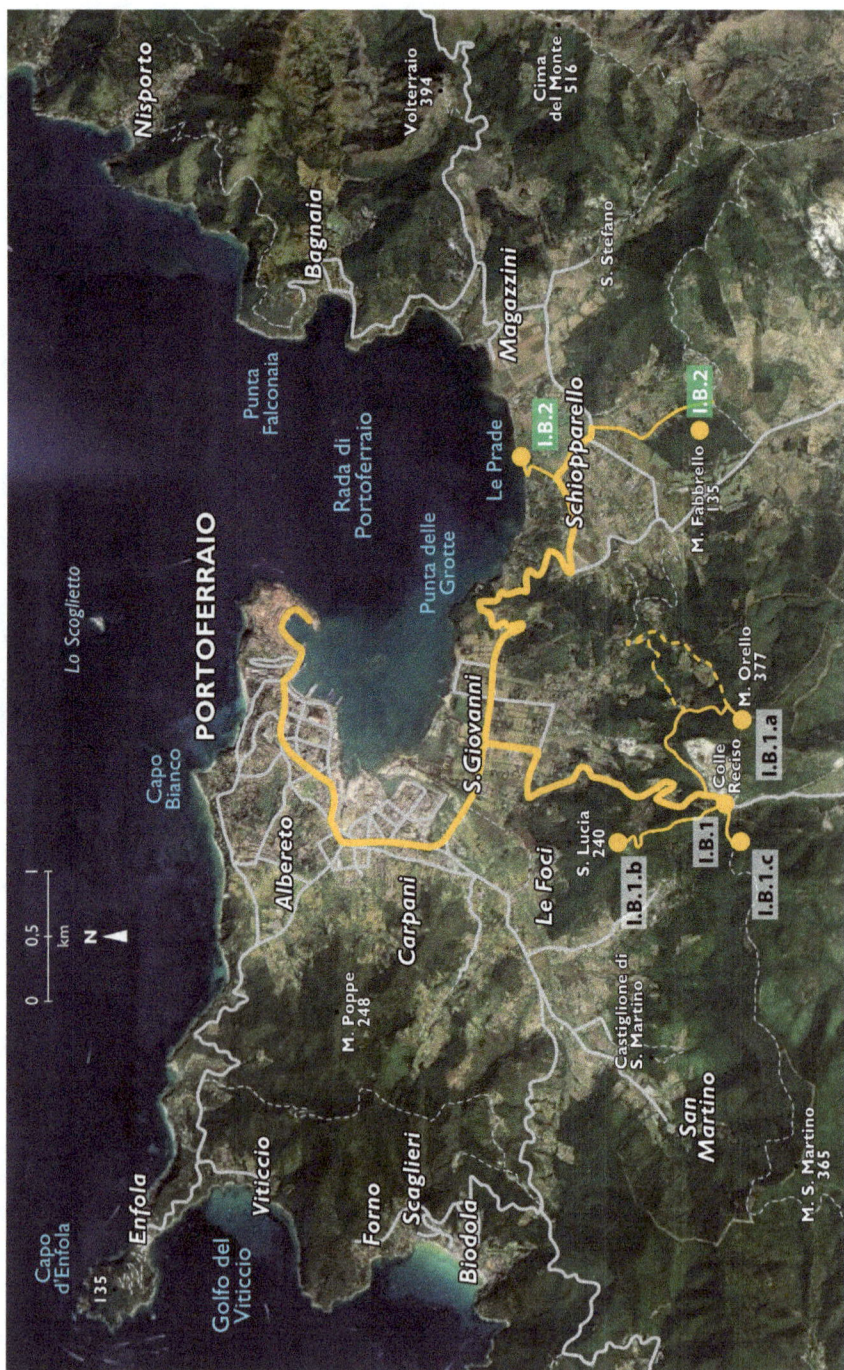

PERCORSO I
Dalla Preistoria al Medioevo

Parte B (intera giornata)
Le origini etrusche del territorio di Portoferraio

Mario Ettore Bacci (*presentazione storico-artistica*)
Marino Garfagnoli (*presentazione naturalistica*)

Approfondimenti
Le fortezze d'altura

Notizie utili
Il percorso si svolge interamente in natura, sulle colline a sud di Portoferraio. L'itinerario descritto richiede un mezzo di trasporto proprio e la disponibilità di mezza giornata. I sentieri suggeriti, talora privi di segnaletica, non sono di particolare difficoltà. Sono consigliate scarpe comode da tennis o per trekking.

I.B.I. Colle Reciso

Geo 42.785297,10.318155

Dalla provinciale per Porto Azzurro, all'altezza della deviazione a sinistra che conduce all'hotel Airone, si incontra un incrocio con semaforo, prendendo a destra si imbocca la strada che attraversa il valico di Colle Reciso (m 190), che porta verso la costa meridionale in direzione della piana di Lacona.

La catena montuosa si attraversa passando dal piccolo valico segnato dalle ferite inferte dalla cava di inerti, circondata da ogni lato da un rigoglioso bosco di lecci. E' in questa aerea che sono concentrati i tre siti archeologici: Monte Orello (m 377) principale vetta del complesso collinare, che si volge verso oriente, il Colle di Santa Lucia (m 240) che offre un panorama spettacolare e insolito, dell'ampia rada di Portoferraio con il suo suggestivo e imponente profilo delle fortificazioni rinascimentali, e Monte Moncione (m 284) orientato a sud.

I.B.I.a. Monte Orello

Geo 42.772369,10.330934
Altitudine m 377

Dalla provinciale per Porto Azzurro, all'altezza della deviazione a sinistra che conduce all'hotel Airone, si incontra un incrocio con semaforo, prendendo a destra si imbocca la strada che attraversa il valico di Colle Reciso (m 190), che porta verso la costa meridionale in direzione della piana di Lacona.

E' il rilievo più imponente che domina la rada di Portoferraio e verso sud il Golfo Stella tagliato in due dalla penisola di Capo Stella, la baia di Margidore a oriente e quella di Lacona ad ovest. Rivestito per buona parte dei suoi pendii da rimboschimenti iniziati negli anni '60, di pino domestico e pino marittimo. Nelle zone più basse prevale il bosco mediterraneo a leccio. L'ambiente dell'intero complesso collinare è di grande rilievo naturalistico, nonostante l'evidente disturbo dell'attività estrattiva della cava di inerti, soprattutto per la presenza di importanti specie dell'avifauna nidificante e migratoria. Nel censimento condotto negli anni '80 è stata rilevata la presenza di 13 specie stanziali. Più abbondante la capinera (Sylvia atricapilla) circa il 40% dell'intera popolazione, frequenti lo scricciolo (Troglodytes troglodytes), la sterpazzola (Sylvia cantillans), il cuculo (Cuculus canorus), il verdone (Carduelis Chloris), la cinciallegra (Parus major).

Monte Orello, inizio dell'impianto dell'antica sorgente di Schiumoli

Sulla sommità del Monte Orello è stato individuato, presso la fonte di Schiumoli, il *caput aquae*, cioè l'acquedotto che riforniva una cisterna *contecta* (protetta) composta da più ambienti, collocata sopra il declivio del pianoro ad est della Villa romana delle Grotte.

Risale agli inizi degli anni '70, durante lavori di sbancamento, il rinvenimento di un cospicuo numero di reperti, costituiti da patere, olle e coppe a vernice nera pertinenti a corredi funebri di una o più tombe ad inumazione datate tra il III e II sec. a.C.

Monte Orello, frammenti della pavimentazione originaria

I.B.I.b. Colle di Santa Lucia – Montemarciale

Geo 42.789817,10.30894
Altitudine m 237
Dislivello 189-237
Lunghezza km 0,800
Percorrenza 40' (andata e ritorno)
Difficoltà bassa

Il Colle di Santa Lucia si raggiunge prendendo la deviazione (indicata con apposito cartello segnaletico) a destra prima di arrivare al valico di Colle Reciso. Dopo circa 200 m la strada sterrata termina in un piccolo spiazzo e da qui inizia il sentiero, a scalette rustiche, verso la Chiesa di Santa Lucia. Dalla sommità del Colle si dispone di un punto panoramico privilegiato per interpretare l'orografia delle vallate di Portoferraio (Val Carene, Le Foci e San Giovanni). E' possibile leggere lo sviluppo urbano di Portoferraio, dalla Cosmopoli del '500 a quanto resta della città industriale del '900, fino ai recenti interventi nelle zone cantieristiche e artigianali.

Sulle pendici del colle è stata individuata l'ubicazione dell'antico borgo medievale fortificato di Montemarciale o Montemarsale, la cui esistenza è confermata da un documento del 1260, conservato presso l'archivio dell'Arcivescovato di Pisa, nel quale si cita quale tributo ecclesiastico, la donazione all'Arcivescovado, di un falcone, da parte di Ansalotto di Ferraia di Montemarciale.

Il toponimo deriva dal termine arcaico: *marsa*, (dal latino *marcidus*) cioè zona acquitrinosa corrispondente alla piana di San Giovanni.

Raro esempio di villaggio fortificato dell'isola d'Elba, Montemarciale era già frequentato in epoca etrusca e in epoca romana, quando dalle fonti ottocentesche viene citata la mitica 'Fortezza di Lucèri', riattivata dai pisani nel sec. XI.

Da fonti storiche si deduce che Montemarciale era abitato intorno alla metà del 1300 da dodici famiglie, sei delle quali impegnate a custodire l'abitato e le mura. L'architetto di Volterra, Vanni di Gherardo Rau, alla fine del 1200 viene inviato dal Comune di Pisa per munire di fortificazioni oltre che la rocca del Volterraio anche probabilmente il borgo di Montemarciale che agli inizi del trecento possedeva una propria 'capitanìa' cioè un distretto amministrativo pisano dell'Elba. Da una

Colle di Santa Lucia, in primo piano resti dell'antico borgo medievale fortificato di Montemarciale, sullo sfondo della rada di Portoferraio

Chiesa di Santa Lucia in prossimità della croce sulla sommità del colle

Verso est sono visibili le tracce sul terreno di un perimetro circolare, verosimilmente riferibili ad una torretta cilindrica sulla quale, nel 1926, è stata collocata una croce di ferro. Sulla piazzaforte sorge un romitorio e la Chiesa di Santa Lucia, meta di un rito particolare. La notte della festa dell'ascensione era tradizione recarsi in pellegrinaggio a Santa Lucia e accendere un grande falò, al quale rispondevano un tempo, fuochi accesi nelle campagne e nella zona del centro storico di Portoferraio.

Qui sono stati rinvenuti frammenti di maiolica pisana arcaica, in ossido di rame e manganese, tegole in ardesia, scorie di riduzione di ferro, mattoni e argilla refrattaria. E' anche presente un discreto numero di conchiglie marine fossili, dei generi *Cardium* e *Murex*.

supplica inviata all'Arcivescovo pisano nel 1350 si apprende che il villaggio si spopolò progressivamente, a causa dell'insalubrità del luogo.

La sommità del sito risulta spianata e circoscritta da mura costruite in bozze di pietra cementate.

I.B.I.c. Monte Moncione

Geo rifugio dei pastori (inizio sentiero) 42.780476,10.311061
Geo sommità del colle 42.780681,10.30996
Altitudine m 284

In prossimità del piccolo valico che si apre alla discesa verso la verdeggiante pianura di Lacona, a destra inizia la vecchia strada militare che si inoltra nel bosco in direzione del Poggio Molino a Vento. Dopo circa 100 m si prende a sinistra in direzione di alcune strutture agricole utilizzate sporadicamente dai pastori. Proseguendo sul sentiero verso sud si giunge a ridosso del rilievo collinare di Monte Moncione. Da qui si ha la possibilità di ammirare il panorama dei due versanti dell'isola: a nord l'ampia insenatura di Portoferraio con i monti della dorsale orientale e a sud il suggestivo Golfo Stella

Sulle pendici settentrionali del Monte, sul versante della rada di Portoferraio, sono stati scavati, nel novembre 2012, a cura della Soprintendenza per i Beni Archeologici della Toscana, alcuni ripari sotto roccia con frequentazioni dall'eneolitico all'età del Bronzo e prima età del Ferro.

La destinazione funeraria della zona è attestata già in epoca arcaica (VI sec.a.C.). Sono presenti sepolture per inumazione a corpo singolo e ripostigli ricavati nel suolo, collegati a forme di tesaurizzazione, con uso che può far pensare ad una sorta di 'caveau interrato', o con l'intento di rifondere frammenti metallici.

Dalla tipologia dei reperti individuati emergono scambi commerciali con le isole maggiori (Sardegna e Corsica) e l'Etruria settentrionale.

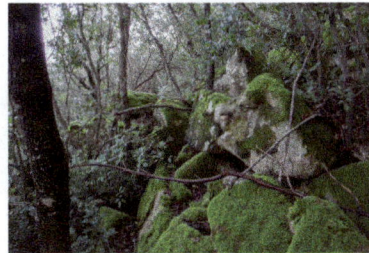

Resti di ripari frequentati sin dall'eneolitico

Le fortezze d'altura

L'Elba, sfruttata sin dall'antichità per le sue generose risorse minerarie agevolmente reperibili, estraibili ed esportabili, fu teatro di un articolato sistema difensivo contraddistinto, in epoca tardo classica ed inizio età romana, dalle cosiddette 'fortezze d'altura' (O. Pancrazi, 1979) poste a controllo delle coste e delle preziose merci.

Esse costituivano un vero e proprio sistema integrato, posizionato in punti strategici a difesa dei principali punti di approdo: le rade di Portoferraio, Procchio, Marina di Campo, oltre a svolgere anche funzione di capillare controllo del territorio isolano interno.

Le fortezze nacquero sotto l'egida di Populonia che fino alla fine del IV sec. a.C. godette di controllo privilegiato sull'estrazione e fusione del ferro elbano e svolsero la loro funzione originaria fino agli inizi del III sec. a.C., quando l'espansione della potenza romana rese inutili le fortificazioni locali.

Da un punto di vista topografico, i fortilizi si elevavano su modesti rilievi in vallate distanti dalla costa, non sempre in collegamento ottico tra loro (per esempio il Castiglione di San Martino e l'eventuale

37

Monte Castello di Procchio risultano divisi dalla dorsale centrale dell'Elba). I corpi di fabbrica sono generalmente a pianta rettangolare con ampio spazio centrale, spianati alla sommità, con utilizzo di mura di terrazzamento che fungono anche da cinta muraria.

Luoghi di avvistamento e probabili fortezze d'altura si annoverano presso: Monte Fabbrello dislocato nell'entroterra, lontano dai golfi di Portoferraio e Capoliveri; la Madonna del Monserrato a Porto Azzurro; nel versante opposto, a Pietra Murata, e Le Mura sulle pendici meridionali di Monte Capanne, con vista verso la Corsica.

Ad essi si possono aggiungere il Monte Serra o altri siti, con esigue o assenti evidenze, ma fortemente indiziabili, come Santa Lucia, Monte Orello o Monte Moncione.

I dati delle ricerche non sono esaustivi per penuria di indagini sistematiche e verifiche sul territorio, in modo particolare sul versante nord occidentale, dove andrebbero indagate eventuali altre destinazioni d'uso nel corso dei secoli.

m.e.b.

I.B.2. Schiopparello le Prade e Monte Fabbrello

Geo 42.797274,10.34869

Spiaggia Le Prade, ruderi di un ponte dell'antica stradella che fiancheggiava il mare

Dal porto di Portoferraio si raggiunge la spiaggia delle Prade a Schiopparello seguendo la direzione Porto Azzurro, dopo circa 5,5 km si svolta a sinistra in direzione Bagnaia-Rio nell'Elba, dopo 1 km, deviando ancora a sinistra, si giunge alla spiaggia.

Alle spalle della spiaggia e della linea di costa, possiamo vivere l'atmosfera di un suggestivo e affascinante scorcio della campagna elbana affacciato sulla parte più interna della rada di Portoferraio. Un paesaggio del tempo, che presenta un ambiente vario con un caratteristico e piccolo borgo marinaro, Magazzini, e alcune aziende agricole di pregio. Queste affacciate sul mare o nella pianura interna che si allarga alle spalle del golfo, hanno continuato, nel segno della modernità e di una produzione di grande qualità, la millenaria tradizione vitivinico-

*Vigneti a Magazzini,
sullo sfondo il
massiccio granitico
di Monte Capanne*

la dell'isola. Unico rilievo della zona è Monte Fabbrello, modesta collina verdeggiante inserita nel contesto agricolo della pianura.

Il golfo con la sua rada riparata dai venti (Horatio Nelson definì Portoferraio uno dei porti di mare più protetti d'Europa), chiuso verso est dalla continua fascia verde della catena orientale, presenta nella parte più interna dell'ampia baia, il suggestivo paesaggio delle valli costiere. Quest'area era un tempo anch'essa destinata alla produzione del sale, restano alcuni toponimi (Magazzini, Marina di Tor del sale) e le testimonianze degli impianti. Nella zona centrale, a ridosso della spiaggia, ancora oggi esistono le marcite, resti della zona umida parzialmente bonificata. Area salmastra di confine tra terra e mare, questo ambiente è l'unico superstite nel panorama delle zone umide sull'isola d'Elba, classificato come sito di interesse regionale e ZPS, zona di protezione speciale, di importanza strategica per la protezione dell'avifauna stanziale e migratoria. La vegetazione è tipica degli ambienti salmastri e delle zone paludose; oltre alle tamerici che delimitano i muretti perimetrali delle antiche saline, nelle aree più interne troviamo la

canna palustre (Phragmites australis), il raro giglio di palude (Iris pseudoacorus) e tutte le associazioni vegetali caratteristiche degli ambienti umidi.

Il paesaggio marino, ideale per essere esplorato con semplici maschera, pinne e boccaglio, offre una serie di stupendi scogli sommersi (secche) denominati localmente 'le Marse', che con i loro anfratti rappresentano il rifugio ideale per molte specie ittiche. Una fitta prateria di posidonia ricopre i bassi fondali, ricchissimi dal punto di vista biologico.

Segnaliamo alcune aziende per una eventuale visita o per l'acquisto di vino ed olio: Azienda Agrituristica Due Palme (produce in prevalenza olio), Azienda Agricola Monte Fabbrello (produzione biologica di vino ed olio), Tenuta La Chiusa (di origine settecentesca, prende nome dal muro che la circonda e racchiude i 20 ettari di proprietà, offrendo anche ospitalità in residenze ottocentesche), Fattoria dell'Acquabona, (risale ai primi decenni del '700 e possiede sedici ettari coltivati a vigneto).

Punta del
Diavolo

Punta della
Fortezza

I.C.4
I.C.3

Poggio
del Segnale
444

Cala
Maestra

I.C.2

M. della
Fortezza
645

Cala dello
Scoglio

I.C.1

Approdo

La Villa

Collo Fondo

Cala
S.Maria

590

Il Belvedere

Collo dei Lecci

Cima
dei Lecci
563

Cala
Corfù

Punta alle
Grotte

Cala
Grande

Punta
Rossa

N

0   0,5   1

km

PERCORSO I
Dalla Preistoria al Medioevo

Parte C (intera giornata)
Isola di Montecristo

Mario Ettore Bacci (*presentazione storico-artistica*)
Marino Garfagnoli (*presentazione naturalistica*)

I.C.1. La Riserva Naturale Integrale
Cenno storico
I.C.2. Abbazia di San Mamiliano e Chiesa del San Salvatore
I.C.3. Grotta di San Mamiliano
I.C.4. Strutture produttive – il Mulino

Possibilità di visita molto limitate (vedere di seguito).

Approfondimenti
Alexandre Dumas
Il culto di San Mamiliano nell'Arcipelago Toscano

Notizie utili
L'isola di Montecristo è riserva naturale integrale. Pertanto, le possibilità di visita sono estremamente limitate e previste solo nell'ambito di gruppi organizzati. Per ulteriori informazioni rivolgersi ai contatti indicati nelle pagine di frontespizio.

I.C.I. La Riserva Naturale Integrale

Geo 42.325047,10.311828

Proprietà dello Stato italiano nel territorio del Comune di Portoferraio, Montecristo si trova a meridione dell'isola d'Elba, da cui dista 24 miglia; ha una superficie di 10,39 kmq (quarta isola per dimensioni dell'Arcipelago Toscano) e un perimetro costiero di 16 km.

Dal 1971 l'isola è stata classificata Riserva Naturale Integrale e affidata in gestione al Corpo Forestale dello Stato (CFS). Nel 1977 Montecristo è stata dichiarata Riserva naturale biogenetica e nel 1988 ha ricevuto il diploma del Consiglio d'Europa. Dal 1996 l'isola e il mare antistante (fino a 1 km dalla costa) fanno parte del Parco Nazionale dell'Arcipelago Toscano che comprende anche lo Scoglio d'Africa o Formica di Montecristo, sottoposto alla stessa tutela dell'isola.

E' stato fissato un tetto massimo di 2000 visitatori l'anno, sulla base delle attuali regole di fruizione. Le visite sono rese possibili dall'accordo tra il Parco Nazionale e il Comando dei Carabinieri per la tutela della biodiversità dei Parchi (Reparto Carabinieri Biodiversità di Follonica). Grazie ai collegamenti previsti dal Parco si raggiunge l'isola per l'escursione giornaliera in base al calendario di fruizione.

Per informazioni: Infopark (vedere seconda di copertina).

Le uniche presenze umane sono quelle del personale di sorveglianza del Corpo Forestale dello Stato che alloggia nell'abitazione dei custodi, prospiciente la Villa Reale e la Casa del Bosco (con annesso un piccolo laboratorio didattico e una modesta ma dignitosa collezione museale sulle emergenze naturalistiche dell'isola). Le costruzioni si trovano a Cala Maestra, unico punto di approdo esistente.

L'isola misteriosa e inaccessibile, selvaggia e disabitata, solitaria e maestosa, resa famosa da Alexandre Dumas e dal suo Conte, rappresenta uno dei pochi santuari della natura che il mare nostrum ancora conserva.

Montecristo ha un inconfondibile profilo: un'unica montagna di granito, che si staglia in forma conica dalla profondità dell'azzurro intenso del mare. Il granito è il padrone incontrastato del paesaggio dell'isola, ovunque affioramenti granitici, dalla vertiginosa pendenza (i 'liscioni', resi spesso scivolosi dallo scorrimento superficiale di alcuni corsi d'acqua a carattere stagionale) rendono la visita dell'entroterra, attraverso gli unici tre sentieri autorizzati, particolarmente impegnativa. I processi di erosione e di alterazione della roccia danno origine a sabbie di vario spessore, a multiformi, fantastiche composizioni rocciose e a forme concave scavate dall'acqua (marmitte) o originate dall'azione del vento (tafoni). Tre le vette principali, Monte della Fortezza (m 645), Cima di Colle Fondo (m 549), Cima dei Lecci (m 563). Il profilo costiero sinuoso, per quello che la roccia granitica può permettere, e tondeggiante, presenta scarsi varchi e offre poche cale riparate (Cala Santa Maria, Cala Mandolina, Cala della Grotta, Cala Scirocco) delle quali solo una dedicata all'approdo, Cala Maestra: alle spalle della piccola ma spettacolare spiaggia, la minuscola vallata offre ospitalità a specie vegetali anche alloctone (pini, magnolie, eucalipti, oleandri).

La prevalente composizione rocciosa dell'isola rappresenta un limite allo sviluppo vegetazionale. In aggiunta, negli ultimi decenni la presenza combinata di specie aliene, animali e vegetali, nello specifico l'ailanto e la capra, ha contribuito ad aggravare la situazione di degrado vegetale. L'ailanto (Ailanthus altissima), specie aggressiva ed infestante, si è diffusa a dismisura grazie anche alla presenza della capra che si ciba della maggioranza delle specie vegetali presenti, e disdegna l'ailanto.

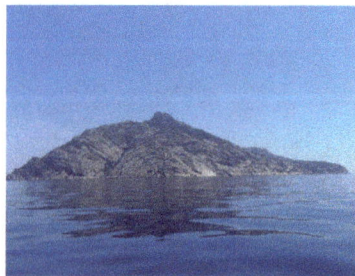

L'Isola di Montecristo, profilo

Le specie vascolari censite recentemente sull'isola sommano a circa 300. La copertura vegetale (fortemente condizionata dalla presenza della capra) è quella tipica della vegetazione mediterranea con macchia alta, dominata da straordinari ed unici esemplari di Erica arborea e macchia bassa tipo gariga a prevalenza di cisto (Cistus monspeliensis, Cistus salviaefolius) e rosmarino (Rosmarinus officinalis). Lo stadio climax, la formazione vegetale originaria, era sicuramente costituito dalla foresta di leccio (Quercus ilex), di cui restano limitatissimi relitti forestali.

L'Isola di Montecristo, particolare

La lontananza dalla terraferma, oltre 60 km, ha avuto due effetti sugli aspetti dell'evoluzione naturale di Montecristo: da un lato i primi colonizzatori, vegetali e animali, sono riusciti a sopravvivere e a specializzarsi grazie all'assenza di competizione con altre specie, dall'altro l'isolamento ha differenziato il patrimonio genetico originario dando luogo a nuove specie (endemismi). In aggiunta, le specie aliene introdotte dall'uomo hanno attecchito rapidamente; la protezione integrale, intervenuta dagli anni '70, ha aggravato la situazione, cioè ha favorito il radicarsi delle specie estranee e ha, per paradosso, impoverito proprio quell'ecosistema che avrebbe dovuto proteggere.

Montecristo presenta l'unica popolazione di capra che vive allo stato selvatico. Gioia e dolore per l'isola. Il ceppo originario risale a presenze preistoriche di capre semiselvatiche contaminate da successive introduzioni domestiche. La specie che oggi vediamo, in base alle ultime indicazioni scientifiche, è classificata come capra selvatica dell'Egeo (Capra Aegagrus Pictus) e rappresenta un caso unico nel panorama faunistico italiano, tale da meritare il riconoscimento del Diploma Europeo nel 1988.

In termini di conservazione dell'ambiente naturale insulare, l'Ente Parco sta realizzando sull'isola un progetto di conservazione finanziato dall'Unione Europea e finalizzato all'eradicazione delle componenti floro-faunistiche aliene e invasive per la tutela di specie e habitat. Gli obiettivi principali, alcuni parzialmente già raggiunti, sono: eradicare la popolazione di ratto nero al fine di assicurare la conservazione di una delle maggiori popolazioni esistenti di berta minore, permettere l'incremento numerico o l'insediamento di altre specie quali la berta maggiore (Calonectris diomedea) e l'uccello delle tempeste (Hydrobates pelagicus), eradicare o ridurre fortemente la popolazione di ailanto, ricreare nuclei di leccio e di altre specie vegetali autoctone.

Completano le presenze faunistiche più significative, tra i rettili la Vipera aspis hugyi, diffusa su tutta l'isola, ma non molto numerosa e concentrata soprattutto nei fondovalle, il biacco e la lucertola. Tra gli anfibi il raro discoglosso sardo. Per l'avifauna, molto importante la presenza della berta minore, le cui colonie nidificanti sono di interesse europeo, e il rarissimo gabbiano corso. Tra i rapaci nidificano il falco pellegrino ed il gheppio. È anche presente, di passaggio, la rara aquila del Monelli e il falco della regina.

Sporadicamente è stata rilevata la presenza della foca monaca (Monachus monachus), specie ra-

L'Isola di Montecristo, Cala Maestra

rissima e in serio pericolo di estinzione (ne sopravvivono circa 300 esemplari quasi tutti in Grecia e Turchia, altri 150 sono stimati sulla costa atlantica nordafricana del Marocco e Mauritania, oltre all'isola di Madera. Ultimo avvistamento nell'Arcipelago Toscano, in prossimità delle coste dell'isola del Giglio nel 2010.

Cenno storico

Montecristo nonostante la sua fama di isola impervia e solitaria era già frequentata durante il Neolitico, come testimoniano frammenti di vasi di ceramica impressa e di ossidiana. La sua solitudine ben si declina invece, in epoca storica, con la meditazione di alcuni anacoreti che per primi, dalla Sicilia, nel corso del V sec., la colonizzarono stabilmente. Sant'Ambrogio descriveva le preghiere di questi avventurosi dello spirito come: *il canto degli inni che si confonde con il rumore misterioso delle onde... e salgono al cielo i pacifici accenti del coro degli eletti...* (Hexameron, III).

L'isola fu chiamata Oglasa in epoca classica, successivamente Montegiove e durante il Medioevo il nome mutò in *Monte Christi*, con probabile riferimento al contesto monastico che caratterizzò l'isola a partire dal V secolo d.C. Dal 1889 fu riserva personale di caccia del marchese Ginori, per poi passare nel secolo scorso in proprietà al re Vittorio Emanuele III e quindi al demanio.

Da Cala Maestra seguendo un ripido sentiero, lastricato dai monaci, si imbocca una deviazione a destra per giungere sulla vetta del Monte della Fortezza (m 645) e quindi alle rovine del monastero dove San Mamiliano, arcivescovo di Palermo, con i suoi seguaci, trovò rifugio, scampando alle persecuzioni del re vandalo Genserico.

Le reliquie del Santo furono contese tra Gigliesi ed Elbani che gli dedicarono due chiese a Capoliveri e a Marina di Campo, nel settore meridionale dell'isola in contatto simbolico con la potente Abbazia di Montecristo.

A circa mezza costa, in direzione Poggio del Diavolo (m 347) si può visitare la Grotta di San Mamiliano e, nei dintorni, le strutture dedicate all'approvigionamento dell'Abbazia. Sopravvissute a passate mire edilizie per fortuna scongiurate, sono giunte a noi poche strutture: la Villa Watson-Taylor dove soggiornò Vittorio Emanuele, l'abitazione dei guardiani, che dal 2013 è sotto il controllo esclusivo del Corpo Forestale dello Stato, e un piccolo museo naturale.

L'isola ammantata spesso di nebbia azzurra come il mare, riesce a conservare un tesoro che non è quello fantomatico, trafugato ai pirati dai seguaci del Santo, citato da Cosimo I dei Medici e dai principi Appiani di Piombino, ma il suo ricco patrimonio di biodiversità.

I.C.2. Abbazia di San Mamiliano e Chiesa del San Salvatore

Geo 42.337706,10.309418
Località il Convento
Altitudine m 355
1 ora e 10' da Cala Maestra

In assenza di indagini sistematiche per estrapolare le fasi costruttive e insediative, spesso ci si riferisce ad una tradizione medievale che vuole che le fondamenta del complesso monastico insistano su un insediamento cultuale di età classica, dedicato a Giove.

Il complesso rileva caratteri architettonici attribuibili alle ristrutturazioni effettuate nel sec. XIII dai monaci camaldolesi che subentrarono alle comunità monastiche precedenti. Esso è costituito dalla Chiesa, la sagrestia, la sala delle riunioni e da un chiostro dotato di cisterna al centro, intorno al quale sorgono le celle destinate ai monaci.

Il complesso si sostiene su una struttura che degrada verso il mare poggiando su un contrafforte terrazzato che riempie i forti dislivelli. I paramenti murari sono in conci di granito con malta.

La Chiesa, con orientamento est-ovest, è a pianta *commissa* (a croce egizia a 'T'), le due cappelle laterali e la terminazione lineare sono illuminate da cinque finestre monofore.

Finestre a feritoia sulle pareti laterali nord e sud, sono state occultate. Sulla facciata si apre il portale con arco a tutto sesto, lunetta, architrave e stipiti monolitici. Il chiostro, sul lato meridionale, è delimitato ad ovest dal muro di terrazzamento, a nord dalla Chiesa, alla quale si accede per un piccolo portale con architrave triangolare ricavato dallo spessore del transetto, e da una cortina muraria sui rimanenti lati. Lungo il perimetro, ampiamente coperto di vegetazione, si attestano alcune sepolture.

L'interno, completamente saccheggiato, è voltato a botte, con la presenza di due sottarchi impostati su peducci di grande dimensione. Una doppia nicchia è presente sul lato sud del presbiterio.

Un ambiente contiguo al complesso conventuale ha restituito il parziale alzato di un campanile a vela e l'accenno di parte dell'imposta ad arco che alloggiava la campana.

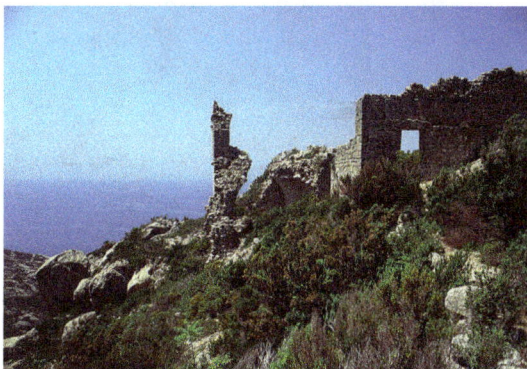

Resti dell'Abbazia di San Mamiliano

Chiesa del San Salvatore

I.C.3. Grotta di San Mamiliano

Detta anche Grotta del Santo o Grotta del Drago
Geo 42.334755,10.311993
Altitudine m 240
40 minuti dal Monastero

Grotta di
San Mamiliano

Si tratta di un riparo sotto roccia, con interventi artificiali atti a ricavare un ambiente voltato con abside e cappelle laterali, creati attorno all'antro naturale. Sono presenti numerosi ex voto e segni della devozione popolare, risalenti al XIX e XX secolo. L'accesso, costituito da un portale con arco a tutto sesto e stipiti in conci di granito regolari, impostati su modanature, è preceduto da un piccolo atrio quadrangolare.

I.C.4. Strutture produttive – Il Mulino

Geo 42.337706,10.309418

Il Mulino

Lungo la viabilità di accesso alla Grotta del Santo si incontrano resti di mura abitative e produttive connesse alle fasi basso medievali del monastero. Sono realizzate con conci regolari addossati alla roccia. Appena al di sotto siamo in presenza di una macina monolitica posta vicino a una struttura, orientata nord-sud, all'altezza di un liscione granitico chiamato il Mulino. Per accedervi si notano nella roccia, incavi scolpiti per agevolare il cammino che la credenza popolare vuole che siano le impronte del piede di San Mamiliano. Nella zona circostante, la presenza di un ruscello e canalette di recupero delle acque denunciano la presenza di un mulino privo di copertura, di cui rimangono lacerti dell'elevato, con conci di medie dimensioni su letti abbondanti di malta. Un'apertura al centro del pavimento permetteva il collegamento con una macina al piano superiore.

Alexandre Dumas

Alexandre Dumas viene incaricato da Girolamo Napoleone Bonaparte, fratello dell'imperatore, di far conoscere l'isola d'Elba al più giovane dei suoi figli, Giuseppe Carlo.

Corre l'anno 1841 quando il romanziere a Firenze frequenta la colonia francese.

L'anno successivo Dumas e il giovane ospite sbarcarono a Portoferraio. Il governatore li accolse con tutti gli onori e diede loro l'opportunità di bere il vino dell'imperatore oltre a far conoscere loro le residenze dove abitò l'illustre parente. Introdotti alla conoscenza della cultura elbana da Alessandro Foresi, chirurgo, nonchè raffinato antiquario, ebbero occasione di: 'visitare l'isola in tutti i suoi particolari in mezzo ad una festa continua' (dalle 'Causeries' di A. Dumas).

In seguito ad una spedizione di caccia all'isola di Pianosa, i due navigarono al largo di un isolotto granitico 'una roccia a forma di cono che si innalzava a due o trecento metri sul livello del mare'. Era l'isola di Montecristo che il famoso romanziere e l'illustre compagno di viaggio non poterono visitare per l'obbligo, altrimenti, di sottoporsi ad un periodo di quarantena. Ciò però non impedì che Dumas esprimesse in quell'occasione, il proposito di ambientarvi il suo prossimo romanzo.

m.e.b.

Il culto di San Mamiliano nell'Arcipelago Toscano

Il culto di San Mamiliano, diffuso in tutto l'arcipelago toscano, ha origine nell'isola di Montecristo, scelta come eremo da Mamiliano, Vescovo di Palermo del V secolo, in fuga dalle persecuzioni dei vandali di Genserico. Una leggenda, spesso figurata come sfondo all'iconografia dedicata al Santo e chiaramente allusiva all'affermazione del cristianesimo sul paganesimo, racconta che Mamiliano per poter fondare sull'isola il proprio luogo di preghiera, avesse affrontato e ucciso un enorme drago che vi regnava incontrastato. Il Santo prese quindi dimora in una grotta tuttora esistente, all'interno della quale si racconta esistesse una fonte d'acqua miracolosa. Alla morte di Mamiliano, eseguendo l'unico sistema di comunicazione a distanza conosciuto al tempo, i suoi seguaci accesero un gran fuoco per annunciare la scomparsa. Numerose imbarcazioni partirono dalle isole dell'arcipelago con l'intenzione di appropriarsi del corpo di Mamiliano che fu, infine, trasportato all'isola del Giglio. In seguito, secondo le antiche consuetudini, alcune reliquie del Santo furono destinate all'Elba e a Civitavecchia, altre furono collocate presso altre chiese italiane. Per onorare il culto di San Mamiliano, intorno al XIV sec., si eressero sull'isola d'Elba due chiese, una a Capoliveri, oggi scomparsa, e una a Marina di Campo (che conserva ancora una reliquia del Santo). Ambedue, come tra l'altro tutte le chiese dedicate a San Mamiliano sorte nelle isole vicine, in Corsica e in Sardegna, furono costruite con l'orientamento verso Montecristo a dimostrare il forte legame con l'isola, la cui stessa immagine spesso nitidissima, visibile da tutto il versante meridionale dell'Elba, trasmette tuttora un intenso misticismo.

g.p.

Capo
d'Enfola
135

Enfola

Nisporto

Golfo del
Viticcio

Viticcio

Lo Scoglietto

Capo
Bianco

PORTOFERRAIO

II.A.1-11

Punta
Falconaia

Bagnaia

Volterraio
394

Cima
del Monte
516

Forno

Scaglieri

Biodola

II.B.12-14

II.B.1-9

Alpereto

Carpani

M. Poppe
248

S.Giovanni

Rada di
Portoferraio

Punta delle
Grotte

Le Prade

Magazzini

S. Stefano

Schiopparello

M. Fabbrello
135

0   0,5
      km

N

Le Foci

S. Lucia
240

Colle
Reciso

M. Orello
377

Castiglione di
S. Martino

San
Martino

II.B.10-11

M. S. Martino
365

Da Cosimo a Napoleone

Giuseppe Massimo Battaglini

Gloria Peria

PERCORSO II
Da Cosimo a Napoleone

Parte A (mezza giornata)
La città medicea lorenese

Giuseppe Massimo Battaglini

Gloria Peria

Introduzione

Approfondimenti
I titoli di Cosimo
L'Archivio Storico Preunitario del Comune di Portoferraio

I numeri su fondo rosso e blu si riferiscono alla cartellonistica comunale in situ.

Notizie utili
Il percorso si svolge interamente nel centro storico di Portoferraio e la visita richiede tre ore circa. Orari e modalità di accesso a monumenti e siti sono riportati nelle rispettive schede.
Per possibilità di parcheggio vedere pagina 133. Questo percorso può essere abbinato nella stessa giornata a quello successivo (La 'capitale napoleonica').

Giuseppe Maria Terreni (1739-1811), Prospettiva di Portoferraio, Museo di Forte Falcone

INTRODUZIONE

Cosmopolis è il nome aulico, fortemente connotato e propagandisticamente diffuso a piene mani, dato da Cosimo de'Medici alla sua città di fondazione. Il nome gioca sull'ambiguità tra il significato più ovvio, quello di Città di Cosimo, e quello più colto e filosoficamente impegnativo di Città del Kosmos, dell'armonia, dell'ordine contrapposto al Kaos. Quello della Polis è un concetto prima filosofico che urbanistico, che idealizza una comunità voluta, progettata, fondata da un soggetto politico forte.

La Cosmopolis è uno dei pochi frutti concreti di un secolare dibattito teorico sulla città ideale: un trattato di architettura e urbanistica militare scritto con la pietra e il mattone del suo reale costruito.

Il contesto storico politico in cui si inserisce è quello della nascente politica marittima di Cosimo, in ideale continuità con i fasti della medioevale repubblica marinara di Pisa. Gli anni 1546/47 vedono un infaticabile lavorio politico diplomatico di Cosimo per riuscire ad ottenere l'Elba dall'Imperatore Carlo V, come difesa avanzata delle coste tirreniche, in concorrenza con Genova. Aiuterà le mire di Cosimo l'alleanza antimperiale del re di Francia Francesco I con i Turchi. Quando diventa concreto il pericolo di una occupazione dell'Elba da parte di una flotta franco-turca pronta nel porto di Tolone, l'imperatore deciderà di dare il suo consenso all'impaziente duca di Firenze per fortificare l'Elba 'per la sicurezza di Toscana e Liguria'. Nel 1548 Cosimo darà il via ad ingegneri e architetti, per la fondazione, a tappe forzate, della sua città.

La funzione militare strategica di Cosmopoli durerà da Cosimo a Napoleone, nella sua permanente invincibilità, NUNQUAM ARMIS EVICTA, come recita la bellissima iscrizione del 1815, che celebra la restaurazione del granducato lorenese dopo il quindicennio napoleonico, leggibile sulla porta del Forte Stella.

La storia della fondazione e dello sviluppo urbanistico e architettonico della città è presentata in mostra permanente al Forte Falcone.

Numerose sono le ferite dei bombardamenti dell'ultima guerra, e le manomissioni avvenute dal secolo scorso (Palazzo del Comando Marina e l'attuale Liceo Foresi, costruiti sul Cammino di Ronda, riempimento del fossato del Ponticello, costruzione delle 'Palazzine' di Via G. Ninci, ecc.) fino ai nostri giorni, ne è esempio la cosiddetta Gattaia, sotto il Bastione della Cornacchia, spacciata per restauro di un inesistente Bastione delle Fascine. Nonostante ciò la forma della città rinascimentale ha un'identità talmente forte da renderla ancora perfettamente leggibile nella sua struttura portante e nei suoi elementi caratterizzanti. La città di Cosimo del Bellucci, del Camerini, di Francesco I di Toscana e del Buontalenti ha resistito alle diverse strategie dei successori lorenesi, e addirittura alla nuova sovranità napoleonica degli inizi del XIX secolo. La continuità della funzione militare strategica ha prevalso sull'avvicendarsi dei sovrani.

II.A.I. Porta a Terra

Cartellonistica comunale, Itinerario Mediceo n° I
Geo 42.813794,10.327332

Porta a Terra vista dall'interno

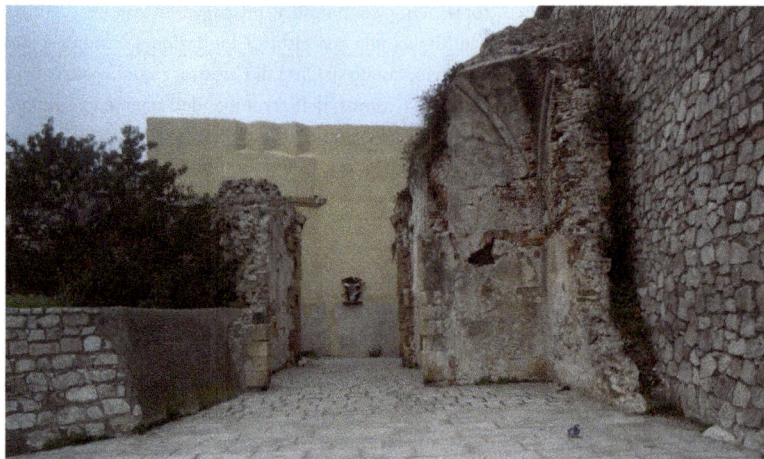

E' una delle due porte della città e per un secolo e mezzo, dalla metà del XVI alla fine del XVIII, ha rappresentato il punto di contatto col territorio dell'isola. La centralità dell'imbuto rappresentato dalla porta è rivelata dallo stemma marmoreo mediceo in fronte alla cortina esterna sopra l'ingresso. Guardando la porta, si ha sulla destra il mare del golfo, sulla sinistra un poderoso sistema di difesa laterale, articolato su tre livelli sovrapposti con dotazioni di bocche da fuoco che rendevano impossibile l'accesso al nemico.

Il fornice interno è quasi interamente scavato nella roccia e, piegando prima a mezzogiorno e poi a levante, facilita la difesa naturale della porta. Nella parte verso la città, fortemente rovinata dai bombardamenti della seconda guerra mondiale, è ancora leggibile la sede dove scorreva la saracinesca pronta a chiudere con la caduta a ghigliottina del rastrello, ogni possibilità di accesso.

Una volta superato il complesso e articolato sistema della porta, si esce a mezza altezza sulla città, ove si trovano quattro possibili percorsi, da sinistra a destra:

- La Via Scoscesa, che corre sul lato interno del sistema delle cortine murarie che salgono al Forte Falcone;
- La Via Sebastiano Lambardi (erudito locale del XVIII sec.) che, dopo una breve salita iniziale, raggiunge la quota dell'asse Via del Carmine – Piazzetta del Teatro – Via Victor Hugo – Piazza Napoleone che rappresenta l'accesso a tutta la parte alta della città;
- La Via Francesco Domenico Guerrazzi (letterato e politico democratico livornese, incarcerato nei Forti di Portoferraio durante i moti risorgimentali) che i vecchi elbani chiamano 'per la Porta a Terra', che conduce in discesa al catino centrale della città bassa, alle spalle dell'altra Porta, quella a Mare, e della Darsena;
- L'accesso al percorso monumentale delle Fortezze Medicee.

II.A.2. Fortezze Medicee

Cartellonistica comunale, Itinerario Mediceo n° 2
Geo area ingresso 42.813332,10.32755

Orario (si consiglia di verificare prima della visita)
Dalla vigilia di Pasqua al 16 giugno e dal 15 settembre al 3 novembre: 10.00-18.40.
Dal 17 giugno al 14 settembre: 10.00-20.00
Ingresso a pagamento; disponibilità di biglietti cumulativi (Cosmopoli Card).
Per informazioni: Cosimo De' Medici (vedere seconda di copertina)

Le Fortezze Medicee viste dal porto

Va sotto questo nome, ormai storicizzato e istituzionalizzato come percorso storico monumentale, il complesso paramuseale che comprende i bastioni e le cortine che vanno dalla Porta a Terra e dal mare interno al Forte Falcone fino a lambire il mare esterno.

La zona della biglietteria sovrasta il tunnel aperto negli anni settanta del secolo scorso come aggiornamento automobilistico dell'antica porta, a cui corre accanto: quel che non fecero le bombe della seconda guerra mondiale, lo hanno fatto le esigenze di traffico veicolare della fine del XX sec. Il sistema fortificato rappresenta quello che gli strateghi granducali chiamarono il 'fronte d'attacco' o 'i bastioni verso terra'. Si tratta dell'area di maggiore cambiamento funzionale nella vita della città militare: al momento della fondazione la città medicea era centrata sulla Darsena e sui tre forti (Falcone, Stella, Linguella) per la difesa da aggressori improvvisi dal mare: i saraceni, i turchi. In questa area corre soltanto una cortina di muro intercalata prima da uno poi da due bastioni. Già nell'ultimo quarto del XVI sec., la costruzione della poderosa città-fortezza allontana questo pericolo e modifica l'identità del nemico, non più incursore repentino dal mare, ma esercito che assedia da terra. Da allora il fronte d'attacco diviene il punto di maggiore attenzione della strategia difensiva, come cerniera tra la penisola della città-porto e l'istmo

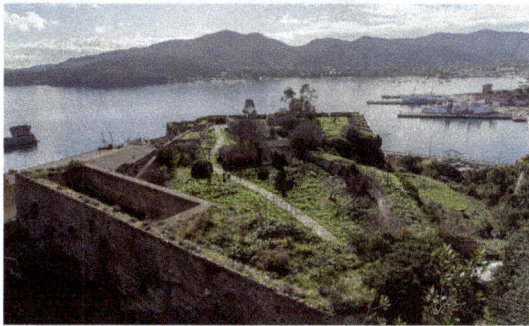

Le Fortezze Medicee, bastioni sullo sfondo della rada di Portoferraio

verso terra, che verrà tagliato, per fare di Portoferraio un'isola nell'isola.

Percorrere la sequenza dei bastioni che salgono al Falcone consente di cogliere senza bisogno di particolari mediazioni, la meraviglia della visione alternata del mare interno e della città di Cosimo verso levante, e del territorio del resto dell'isola e del mare esterno verso ponente e verso tramontana.

55

II.A.3. Forte Falcone

Cartellonistica comunale, Itinerario Mediceo n° 3
Geo Museo di Forte Falcone 42.816685,10.328993

Orario (si consiglia di verificare prima della visita)
Dalla vigilia di Pasqua al 16 giugno e dal 15 settembre al 3 novembre: 10.00-18.40.
Dal 18 giugno al 14 settembre: 10.00-20.00
Ingresso a pagamento; disponibilità di biglietti cumulativi (Cosmopoli Card).
Per informazioni: Cosimo De' Medici (vedere seconda di copertina)

Forte Falcone con il cammino di ronda verso il Forte Stella

Il Forte Falcone costituisce, insieme al Forte Stella e alla Torre della Linguella uno dei punti di forza della città di fondazione medicea della metà del XVI sec. E' il più alto dei due forti collinari della città, con capacità di tiro a 360 gradi.

Condivide col Forte Stella, oltre all'iscrizione marmorea *Templa moenia domos / arces portum / a fundamentis erexit Cosmus Medices Florenti / norum dux secundus Anno domini MDXLVIII* (Cosimo de' Medici duca di Firenze eresse dalle fondamenta le chiese, le mura, le case, le rocche, il porto, nell'anno 1548), una grande novità della tecnologia dell'architettura militare cinquecentesca, la *contramina*, galleria perimetrale dell'intero forte. La *contramina* aveva prima di tutto, come indica il nome

stesso, il compito di intercettare eventuali tentativi nemici di escavazione di *mine*, gallerie sotterranee di intrusione nel forte; oltre a questa funzione primaria, la *contramina* svolgeva altre due funzioni eventuali, quella di contrasto, attraverso le bocche da fuoco leggero che la traforavano lungo tutto il fianco esterno, di possibili aggressioni di fanteria; e quella permanentemente attiva, di aereazione attraverso le stesse bocche da fuoco, dei volumi interni sotterranei della fortezza. Per l'importanza della *contramina* basti ricordare che solo grazie ad essa Vienna fu salvata all'ultimo momento dalla conquista turca nel XVII sec.

All'interno dei tre forti, quello del Falcone ha avuto l'evoluzione funzionale e architettonica più rapida nel sistema fortificato di Portoferraio fin dalla fine del XVI sec. Il forte fu notevolmente modificato sui due lati di tramontana e di ponente, con la costruzione verso terra del poderoso bastione della Carciofaia; rimasero intatti nella loro forma originaria solo il fronte orientale, verso la città e quello meridionale, rivolto ai bastioni degradanti verso la Porta a Terra e al mare interno.

Alla pianta originaria del Falcone s'ispirerà il Forte S. Elmo della Valletta a Malta.

Il forte è stato oggetto di un recente restauro a cura del Comune di Portoferraio, dopo la smilitarizzazione e il trasferimento dal Demanio statale al Comune. All'interno è stata recentemente allestita una mostra permanente sulla Cosmopoli medicea che illustra la nascita e la crescita della città dal 1548 al passaggio del Granducato di Toscana dai Medici ai Lorena. La visita della mostra può costituire la migliore premessa alla prosecuzione dell'itinerario.

Dagli spalti del forte si ha un campionario di panorami mozzafiato, dalla Darsena, al Golfo, al Castello del Volterraio, al Canale di Piombino e al Promontorio di Populonia, alle spiagge della costa settentrionale, al Forte Inglese, alla zona dell'istmo verso il resto dell'isola, già tagliato dal fossato del Ponticello.

Forte Falcone, entrata, sulle pareti rivestite di cotto, le bocche da fuoco

Il Museo di Forte Falcone è dedicato alla Cosmopoli medicea

Il progetto di recupero delle Fortezze Medicee

L'amministrazione comunale di Portoferraio ha profuso grande impegno, grazie anche alle opportunità offerte dai finanziamenti comunitari, per restituire alla cittadinanza e ai visitatori di Portoferraio un luogo di grande fascino. I lavori finora realizzati hanno reso possibile il restauro di Forte Falcone (con l'allestimento del museo dedicato alla città di Cosimo) e il recupero dei principali camminamenti e delle aree interne ed esterne oltre al completamento di due possibilità di accesso. Rimane da riqualificare e rendere percorribile, il reticolo di camminamenti interrati che collegano i punti cardini della città fortificata. Per quanto riguarda l'aspetto architettonico è da sottolineare la scelta strategica di realizzare con paramento in cotto, le cortine di Forte Falcone e del dirimpettaio Forte Stella per poter adattarsi alle caratteristiche della collina realizzando fronti bastionati perfettamente coerenti con le regole dell'architettura militare del tempo.

Fa parte del progetto di recupero anche l'accordo con l'associazione Slow Food (condotta Isola d'Elba), che all'interno dell'area delle Fortezze Medicee gestisce l'Enoteca della Fortezza, impegnata a far conoscere il patrimonio gastronomico dell'Arcipelago Toscano.

Per informazioni http://www.enotecadellafortezza.com

m.p. / c.e.

Dal Forte Falcone al Forte Stella

Dal Forte Falcone è ben visibile il Forte Stella che si raggiunge passando accanto ad una delle due polveriere gemelle di epoca lorenese, con le loro coperture a 'botta di bomba' e i camini simili a obelischi, particolari 'maniche a vento' per l'aereazione della polvere da sparo. Si scende costeggiando i resti dell'antico cammino di ronda che univa i due forti, da cui si gode una panoramica della sottostante spiaggia delle Viste. Si raggiunge il Bastione dei Mulini così detto dai mulini a vento presenti fino al XVIII sec.;

il complesso dei Mulini ospitava anche il Padiglione, residenza collettiva suddivisa in piccoli appartamenti, degli ufficiali della guarnigione granducale, oggi usato dal Comune per alloggi popolari. Ai Mulini si trovava, fino all'arrivo di Napoleone, il piccolo teatro della città lorenese e il palazzo del governatore. Da qui si risale al Forte Stella, sdemanializzato agli inizi del XX sec. per le esigenze abitative degli operai dello stabilimento siderurgico Ilva e privatizzato dopo la seconda guerra mondiale, oggi è residenza essenzialmente turistica.

II.A.4. Forte Stella

Cartellonistica comunale, Itinerario Mediceo n° 4
Geo 42.81586,10.33343

Il Forte è di proprietà privata. Durante il periodo invernale di solito l'accesso è gratuito, nel periodo estivo il condominio affida la regolamentazione degli accessi ad una cooperativa sociale che effettua (all'ingresso) il servizio di bigliettazione a partire da € 2,00.

Forte Stella visto da Forte Falcone

Avvicinandosi alla porta del Forte, si possono vedere bene sulla sinistra, nella muraglia costruita con mattoni a vista, le bocche da fuoco della *contramina*, di cui si possono notare i due accessi laterali proprio sull'ingresso della porta stessa.

Di particolare interesse le tre lapidi marmoree che segnano tre momenti fondamentali della storia della città. La prima a destra riporta la stessa scritta trovata al Falcone, *Templa Moenia Domos* ... Alla sinistra *Napoleonis Magni Galliae Imperatoris*

/ *Italiae Regis Presentia Decorata* / *Civitas IV Nonas Maji MDCCCXIV* / *Posuit IV Calendas Martii Die Reditus* / *In Galliam MDCCCXV* (La città, onorata il 4 maggio 1814 della presenza di Napoleone il grande imperatore di Francia e re d'Italia, pose il 26 di febbraio, giorno del ritorno in Francia nel 1815). L'iscrizione ricorda l'inizio del breve regno elbano dell'imperatore e la sua partenza verso l'effimera avventura dei cento giorni.

Al centro, proprio sopra l'ingresso, l'iscrizione dello stesso anno 1815 del mese di settembre, celebra l'unione di Cosmopoli, per la prima volta dopo quasi tre secoli, al resto dell'Elba, sotto il governo granducale:

Numquam Armis Evicta / *Suorum Fide Strenue Propugnata* / *Alieno Tamen Eventibus* / *Imperio Postmodum Subiecta* / *Post Magnas Mundi RerumqueVices* / *Matri Etruriae* / *Optimo Principi Suo Ferdinando III Austriaco* / *Tota Cum Ilvae Ditione* / *Cosmopolis Feliciter Restituta* / *Pridie Nonas Septembris Anno MDCCCXV* (Non mai vinta dalle armi, difesa strenuamente dalla fedeltà dei suoi, tuttavia sottomessa in seguito agli eventi a un impero straniero dopo i grandi cambiamenti del mondo e dei poteri, Cosmopoli felicemente restituita con l'intera giurisdizione dell'Elba alla madre Toscana e all'ottimo principe suo Ferdinando III d'Austria. 8 settembre 1815).

Per questo spazio il duca Cosimo aveva commissionato a Benvenuto Cellini il suo meraviglioso busto in bronzo qui rimasto fino alla fine del XVIII sec., quando fu ritirato dal granduca Pietro Leopoldo e attualmente esposto al Museo Nazionale del Bargello a Firenze.

Il Forte univa il controllo dell'ingresso al golfo verso levante a quello della Darsena, verso mezzogiorno. A differenza di quella del Falcone, la sua funzione è rimasta immutata da Cosimo a Napoleone. Un'unica importante modifica operata dai Lorena alla fine del '700: l'inserimento alla punta

di grecale, a nord-est, del grande faro celebrato dalla lapide granducale:

Navigantium Saluti / *Rei Mercatoriae Adjumento* / *Petri Leopoldi Archiducis Austriae Magni Etruriae Ducis* / *Providentia Erexit* / *Anno Domini 1788* … (Per la salvezza dei naviganti e per lo sviluppo del commercio) esattamente come l'antico primo faro d'Alessandria d'Egitto.

*Forte Stella,
il faro lorenese*

*Benvenuto Cellini
(1500-1571),
Busto di Cosimo I
de' Medici, Firenze,
Museo Nazionale
del Bargello*

Dal Forte Stella al Centro Culturale De Laugier

Dal Forte Stella si aprono tre possibili discese: il percorso a ritroso verso i Mulini, la Via della Campana che scende ripida verso la zona bassa della città, interna ai bastioni sul mare dei Pagliai e del Maggiore, in mezzo ai quali si colloca la piccola spiaggia urbana del Grigolo; e infine da noi suggerita, quella che corre in ampi dolci gradoni, esterna al muro di separazione tra la cittadella militare che comprendeva, oltre ai due Forti, le due polveriere e il fronte d'attacco, e il sottostante insediamento urbano. Si prosegue fino ad incontrare a sinistra, con un gomito strettissimo, l'imbocco della via lastricata cordonata che porta alla zona dell'antica Piazza d'Armi, pochi passi oltre si imbocca sulla sinistra l'antica scalinata in calcare rosa, Salita Napoleone, a metà della quale scorgiamo sulla sinistra la ricca chiesa seicentesca dell'Arciconfraternita della Misericordia, detta anche dei Neri, secondo la divisione fiorentina tra le antiche fazioni dei Bianchi e Neri. Sulla destra si imbocca la rampa d'accesso al Centro Culturale De Laugier, il complesso porta il nome dell'antica caserma intitolata a un cittadino portoferraiese arruolato nelle armate napoleoniche.

II.A.5. Centro Culturale De Laugier

Cartellonistica comunale, Itinerario Napoleonico n° 3
Geo 42.815581,10.331434

Il Centro ospita la Pinacoteca Comunale Foresiana, la Biblioteca Comunale Foresiana, l'Archivio Storico e la Collezione fotografica Leonida Foresi (quest'ultima attualmente non accessibile).
Orario di apertura al pubblico: (si consiglia di verificare prima della visita)

- *Pinacoteca Comunale Foresiana: 10.00-13.00, 16.00-18.30; ingresso a pagamento; per informazioni: Cosimo De' Medici (vedere seconda di copertina)*
- *Biblioteca Comunale: lun, mer e ven 09.00-12.00; mar e gio 15.00-18.00; eccetto i giorni festivi.*
  Per informazioni: Tel 0565 937371; resp. 0565 937272; biblioteca@comune.portoferraio.li.it
  (Centro Culturale De Laugier)
- *Archivio Storico: le richieste di consulenza e assistenza per la consultazione di materiale archivistico possono essere eseguite nei giorni feriali di martedì e giovedì dalle ore 15.00 alle ore 18.00 oppure previo appuntamento con la responsabile incaricata dalla Gestione Associata degli Archivi storici elbani. La sola consultazione del materiale archivistico già richiesto e disponibile è consentita anche in altri orari di apertura della biblioteca.*
- *Collezione fotografica Leonida Foresi: attualmente non accessibile.*

L'ex convento mediceo che ospita il Centro Culturale De Laugier, facciata

Il complesso architettonico è direttamente legato al progetto della città di Cosimo. Il duca di Firenze, negli anni della fondazione di Cosmopoli, pensò all'Elba come ad una nuova isola dei Cavalieri, sull'esempio di Rodi, Cipro, Malta che avevano ospitato ordini cavallereschi fungendo da basi strategiche in funzione anti ottomana. Cosmopoli sarebbe stata la città-fortezza-porto, sede della nascente marina da guerra medicea, nell'ottica di quello che diventerà poi l'Ordine Equestre Militare Marittimo di Santo Stefano Papa e Martire. Per ospitare i Cavalieri delle future galere stefaniane, Cosimo fece costruire questa struttura conventuale. Purtroppo l'evoluzione del contesto politico, con la guerra di Siena, l'abdicazione di Carlo V, l'opposizione di Genova e di altri, non gli consentiranno di mantenere il controllo sull'intera isola e il suo dominio si ridurrà alla sola Portoferraio, facendo tramontare il progetto dell'isola dei Cavalieri.

Centro Culturale De Laugier, cortile

L'edificio destinato ai Cavalieri diverrà convento francescano, con la grande chiesa di San Salvatore (che oggi ospita l'Archivio Storico) per la quale Cosimo commissionò ad Agnolo Bronzino la grande deposizione dalla croce qui rimasta fino alla fine del '700, prelevata dal granduca Pietro Leopoldo insieme al busto di Cosimo del Cellini e conservata oggi alla Galleria dell'Accademia di Firenze.

L'Archivio Storico Preunitario del Comune di Portoferraio

Al piano terra del Centro Culturale De Laugier, nei locali in cui si trovava l'antica chiesa di San Salvatore è situato l'archivio storico del Comune di Portoferraio. L'esposizione a giorno della documentazione e la presenza, al centro della stanza principale, di tre grandi vetrine orizzontali che accolgono periodicamente antichi documenti in mostra, donano all'ambiente già suggestivo, un'ulteriore nota fascino. La sezione separata d'archivio, ovvero l'archivio storico preunitario, comprende i documenti risalenti al governo della famiglia De' Medici e degli Asburgo-Lorena (1553-1799); dell'amministrazione francese e del governo napoleonico (1802-1814 e 1814-1815); del governo e della comunità della restaurazione granducale (1815-1865). Nei dieci anni circa (1548-1557) in cui l'isola è stata interamente governata da Cosimo I, le carte dell'archivio storico di Portoferraio includono anche quelle delle altre comunità elbane. Dopo alcuni secoli di divisioni territoriali, l'archivio comprende di nuovo i documenti dell'isola unita amministrativamente sotto l'egida della Francia, in seguito ai radicali cambiamenti politici avvenuti con il Trattato di Amiens (25 marzo 1802). Portoferraio, in qualità di capoluogo delle sei comunità in cui fu suddivisa l'isola, divenne sede di un Commissario Generale, con poteri simili al Prefetto di Dipartimento e di numerosi uffici amministrativi e giudiziari con competenze estese a tutta l'Elba e alle isole di Pianosa, Capraia e Montecristo. Durante il breve regno napoleonico le municipalità elbane

diventarono 10 (Portoferraio, Capoliveri, Longone, Rio, Marina di Rio, Marciana, Marina di Marciana, Poggio, San Piero in Campo e Sant'Ilario) controllate dallo stesso imperatore attraverso funzionari fidati. Con la restaurazione granducale, a Portoferraio s'insediò inizialmente un Commissario Straordinario del Governo (il conte Agostino Fantoni) con l'incarico di riorganizzare l'apparato amministrativo e finanziario su tutto il territorio dell'Elba, delle isole dell'arcipelago e del Principato di Piombino. Con il mutamento della carica di Commissario in quella di Governatore Generale dell'Elba, si istituì, a partire dal 1816, una Cancelleria Comunitativa (organismo incaricato, fra le altre cose, di conservare gli atti degli enti e degli uffici esistenti nella sua circoscrizione). Il Governatore risiedeva a Portoferraio ma era assistito da 'aiuti', residenti uno a Marciana e uno a Longone, i quali avevano l'obbligo di trasferirsi una volta al mese a Rio. Il territorio dell'isola questa volta fu diviso in quattro comunità: Portoferraio; Longone con Capoliveri; Rio e Marina di Rio; e infine Marciana, comprendente Marciana marina, San Piero, Sant'Ilario e Poggio. Con la fine del Granducato di Toscana e la soppressione delle cancellerie (dopo il 1865) gli atti di questo organismo furono, in parte, distribuiti fra i Comuni in cui era divisa l'isola, ma nell'archivio storico di Portoferraio si conservano diversi importanti documenti riguardanti le vicende risorgimentali che videro partecipe, con un cospicuo contributo di giovani volontari, l'Elba intera di nuovo unita contro un comune nemico.
g.p.

II.A.6. Palazzo della Biscotteria

Cartellonistica comunale, Itinerario Napoleonico n° 5
Geo 42.815132,10.331099

Possibilità di visita: essendo sede del Comune di Portoferraio il Palazzo della Biscotteria è visitabile solo limitatamente.

Palazzo della Biscotteria, sede del Comune di Portoferraio

La scalinata Salita Napoleone termina presso una piazzetta antistante la Chiesa dell'Arciconfraternita del Santissimo Sacramento, eretta ad unica grande navata con ricco soffitto a cassettoni e preziosi arredi, fra cui un crocefisso che la tradizione vuole di produzione cinquecentesca francese e ritrovato nella fondazione della città. Pochi passi ci separano dal Palazzo della Biscotteria.

Il Palazzo della Biscotteria è sede del municipio e ha ospitato nei secoli, a partire dalla fondazione cinquecentesca, sia le diverse magistrature locali, sia i ministri toscani prima ducali (1548-1570) e poi granducali (1570-1801 e 1815-1859). Il nome deriva dalla presenza nell'edificio dei forni comunitativi per la produzione del biscotto: pane cotto due volte (bis), prima normalmente a filone, poi tagliato a fette abbastanza alte e rinfornato a fuoco morto, per la sua disidratazione che ne potesse consentire la conservazione a bordo delle galere e delle altre imbarcazioni in transito in Darsena. Il biscotto costituiva elemento fondamentale dell'alimentazione di bordo insieme al pesce salato. I forni sono ben visibili nel progetto originale dell'architetto Camerini conservato all'Archivio di Stato di Firenze.

Il sotterraneo della Biscotteria costituiva un'enorme cisterna a doppia alimenta-zione: raccoglieva l'acqua dei tetti (fino al XVIII sec. ad un'unica falda ad impluvio al posto delle due odierne) alla quale si aggiungeva l'acqua di una piccola sorgente, che ancora oggi porta acqua.

II.A.7. Piazza d'Armi (Piazza della Repubblica) e
II.A.8. Arsenale delle Galeazze

Cartellonistica comunale, Itinerario Mediceo n° 7
Geo Piazza della Repubblica 42.815244,10.3319
Geo Arsenale delle Galeazze 42.814027,10.332436

L'ex Arsenale delle Galeazze ospita attualmente un supermercato; accessibile durante gli orari di apertura dei negozi.

Uscendo dal Palazzo della Biscotteria si passa nell'attuale Piazza della Repubblica, adibita a parcheggio, che fino alla fine del Granducato è stata la Piazza d'Armi, unica vera piazza della città, su cui si affaccia oltre alla Biscotteria, il Duomo, anch'esso cinquecentesco, dedicato alla Natività di Maria. Contiene la lastra tombale di Marc'Antonio Carpani (1622-1687): che per il re di Spagna e particolarmente nella guerra con la Francia per la riconquista alla Maestà Cattolica dello Stato di Piombino e della Fortezza di Longone...' Svolse egregiamente e strenuamente le sue mansioni; per la qual cosa fu grandemente apprezzato dal Serenissimo Don Giovanni d'Austria Comandante generale dell'esercito spagnolo di terra e di mare, per cui conseguì il comando militare di tutto lo Stato di Piombino...'.

Sulla piazza oltre alle emergenze monumentali, si affacciavano anche le poche case costruite da privati, nel particolare regime fondiario della Portoferraio medicea, che vedeva la proprietà pubblica dei suoli e delle abitazioni, concesse a livello con l'obbligo di conferimento di cera al convento francescano.

La Piazza d'Armi, a differenza di quella attuale, era ad un unico livello, in leggera pendenza verso la Porta a Mare, come ancora oggi si può notare sui due lati corti, paralleli alla facciata del Duomo.

Dall'angolo di grecale, nord-est, tra la scalinata e il Duomo, si imbocca la via che costeggiando l'edificio sacro raggiunge una piazzetta sulla quale si affaccia il lato posteriore dell'Arsenale delle Galeazze; nella piazzetta due grandi archi a tutto sesto sostengono la condotta che dal tetto dell'Arsenale portava l'acqua piovana ad alimentare la grande cisterna sotto Piazza Padella, l'attuale Piazza Pietro Traditi (sindaco di epoca napoleonica).

André Durand, Place d'Armes de Porto Ferrajo, litografia, Paris, 1862.

Si entra nell'Arsenale dalla facciata posteriore. L'interno è un'enorme struttura a due navate, di grande altezza per ospitare Galere e Galeazze, le più grandi navi del cinque-seicento. Anche se gravemente degradata e manomessa, l'imponenza della costruzione testimonia la felice mano dell'architetto Bernardo Buontalenti. Attraversando l'Arsenale, si esce dalla facciata principale, di cui si distinguono ancora

L'Arsenale delle Galeazze

Giuseppe Maria Terreni (1739-1811), Prospettiva di Portoferraio, dettaglio con le due arcate dell'Arsenale delle Galleazze, Museo di Forte Falcone

gli accessi originari tamponati nel secolo scorso. In facciata, una lapide marmorea ricorda che: *Da questo Arsenale scesero nelle onde del Mediterraneo / quei vascelli da guerra che offrirono alle coste toscane / protezione e difesa dagli attacchi turcheschi / a gloria del principato mediceo e dell'Ordine dei Cavalieri di Santo Stefano* (Giorgio Varanini 1983).

Seguendo il tracciato delle mura castellane verso il mare, a sinistra si attraversa un piccolo fornice che immette sulla Darsena alla base della Linguella, la lingua di terra che separa la Darsena dal Golfo.

L'Arsenale delle Galeazze, interno

II.A.9. Linguella

Cartellonistica comunale, Itinerario Mediceo n° 8
Geo 42.811821,10.329983

Per le possibilità di visita della Torre della Linguella contattare Cosimo De' Medici (vedere seconda di copertina).

Il punto di maggiore identità è rappresentato dalla torre ottagonale posta a guardia dell'ingresso in Darsena.

Dei tre Forti, rispetto al Falcone e alla Stella, è quello più piccolo, più interno al Golfo, di forma geometricamente più regolare all'esterno, con la figura perfetta dell'ottagono, un classico della trattatistica di architettura militare del rinascimento.

Dalla torre partiva la catena che la sera chiudeva l'accesso alla Darsena.

Dalla copertura della torre si gode oggi il più bel panorama sul catino della città cresciuta intorno alla Darsena, leggibile nella sua sostanziale integrità di sistema. Intorno alla torre sono sorti man mano per tutto il periodo granducale, un complesso di bastioni, magazzini del sale e della tonnara, scali di alaggio, che hanno occupato l'intera penisola, coprendo completamente la *facies* della villa romana, riemersa solo dopo i bombardamenti dell'ultima guerra.

Torre e fortificazioni medicee della Linguella

La città medicea dal cammino di ronda della Linguella

Le stesse bombe che hanno fatto riapparire la villa romana, hanno distrutto una parte importante della torre. Purtroppo la ricostruzione postbellica non ha seguito né i segni rimasti sul monumento, né la documentazione grafica antica e ha reinventato di sana pianta l'interno.

Dalla Linguella si torna lungo la calata fino al molo centrale antistante la Porta a Mare.

II.A.10. Porta a Mare

Cartellonistica comunale, Itinerario Mediceo n° 9
Geo 42.814396,10.331279

E' una delle uniche due porte della città ed è rimasta accessibile fino al XVIII sec. solo dal mare della Darsena.
Sulla facciata esterna della porta, campeggia a sinistra la stessa lapide incontrata sia al Falcone sia alla Stella che celebra la fondazione di Cosimo. A destra un'altra lapide che celebra l'intervento conclusivo (*perfecit*) del granduca Ferdinando II de' Medici, nel 1637 quasi un secolo dopo l'inizio dei lavori, e il suo matrimonio con Vittoria della Rovere, principessa di Urbino: *Ferdinandus Secundus Magnus Dux Etruriae / Perfecit Anno Domini / MDCXXXVII /*

Quo Victoriam Urbini Principem / Duxit Uxorem Foelici Homine.
La Porta per fortuna colpita solo marginalmente dai bombardamenti e recentemente restaurata, dà l'esatta misura dell'altezza delle mura castellane che correvano lungo la Darsena affondando direttamente in mare, assolutamente impenetrabili, su cui correva il cammino di ronda che andava dalla Linguella ai bastioni interni sotto Porta a Terra: l'antico camminamento è ancora parzialmente leggibile tra la muraglia e le sopraelevazioni otto-novecentesche.

65

Porta a Mare, vista dalla Darsena

Con la costruzione e l'espansione delle banchine stradali della Calata, che hanno reso sempre più agevole l'accesso a piedi o con mezzi sulla Darsena, la Porta a Mare diventerà la porta di gran lunga più importante della città lorenese.

Attraverso la Porta a Mare si entra nell'attuale Piazza Cavour, anticamente più correttamente chiamata Lungara della Porta di Mare o della Gran Guardia, spazio di

raccordo tra le mura castellane della Darsena e la prima stecca di edifici residenziali della città. Guardando la Porta dall'interno, a sinistra, oltre le Galeazze, si scorge la cortina muraria del Grigolo; a destra oltre al Forte Falcone e al fronte d'attacco che ci dominano dall'alto, c'è in un angolo la scalinata che sale direttamente al Forte, e all'altro angolo parte la Via F. D. Guerrazzi o 'per la Porta a Terra', che conduce all'altra Porta. Percorrendo la via si incontra a metà, sulla sinistra, un piccolo fornice che scende sulla calata mostrandoci la sezione dell'antica muraglia castellana.

Sull'ultimo tratto della calata si arriva al molo del Gallo, che trae nome dalla banderuola a forma di gallo, originariamente collocata sulla torre e quindi proseguendo, alla zona del Ponticello.

II.A.11. Ponticello

Geo 42.814668, 10.324957

Ridotta del Ponticello nel suo aspetto attuale

La zona che va dal Bastione della Cornacchia, il più basso del fronte d'attacco, sotto la Porta a Terra, fino all'attuale incrocio del Ponticello, comprendeva tutte le opere di sbarramento esterne alla Porta, come il distrutto Forte della Tenaglia, che occupava, con ben due ponti levatoi, l'attuale zona verde del Largo donatori di sangue.

Il nome di Ponticello deriva dal ponte levatoio che superando il fossato, tagliava

l'istmo che va dal mare esterno della spiaggia delle Ghiaie al mare interno del golfo. Il fossato fu scavato a cavallo tra il XVI e XVII secolo, per fare di Cosmopoli un'isola nell'isola, nella fase del già citato spostamento del fronte critico della città, dai versanti di tramontana e di levante a quello di ponente, dal fronte di mare a quello di terra. Il taglio dell'istmo è un classico delle città-fortezza sul mare, da Siracusa, ad Augusta, a Corfù. Sul fossato vennero costruiti tre forti: partendo dal mare interno, la ridotta del Ponticello, la batteria della Pentola e quella delle Fornaci. Le batterie centrali sono andate completamente distrutte, rimangono visibili le due estremità del fossato: quella di Santa Fine, in fondo alla spiaggia delle Ghiaie, e quella del Ponticello, pur fortemente manomessa nella struttura e nella visibilità.

La ridotta del Ponticello fu sopraelevata nel XX sec. con la costruzione del palazzo Vanoni. Il pianterreno originale ospita oggi una pizzeria e altri negozi; purtroppo è stato completamente alterato il rapporto con l'acqua circostante, derivante dalla confluenza del fossato con il mare interno: il riempimento del fossato per un verso e la costruzione della banchina d'alto fondale per l'altro, hanno completamente interrato la punta della ridotta. L'innalzamento del suolo circostante è ben mostrato dalla vicinanza alla linea di terra del marcapiano di separazione tra la scarpa inferiore fortemente inclinata e il muro superiore a piombo.

Il fossato fu eliminato, tramite riempimento, negli anni '20 del secolo scorso e correva lungo l'attuale Viale Manzoni, piegando fortemente a destra man mano che si avvicinava a Santa Fine.

La zona del Ponticello poco dopo la copertura del canale, 1926, Collezione Leonida Foresi

Viale Manzoni che ricalca il percorso del fossato del Ponticello

I titoli di Cosimo de' Medici (1519-1574)

Figlio del grande capitano di ventura Giovanni dalle Bande Nere, esponente del ramo cadetto della famiglia de' Medici, discendente da Lorenzo il Vecchio fratello del fondatore della dinastia Cosimo il Vecchio, soprannominato Pater Patriae. Sua madre Maria Salviati era discendente diretta di Cosimo il Vecchio; in Cosimo quindi, si ricongiungevano i due rami della famiglia.

Assunse il potere, succedendo al duca Alessandro, nel 1537, all'età di soli 18 anni, come secondo duca di Firenze, Florentinorum Dux II. Tale rimase esattamente per venti anni, fino al 1557, quando, a seguito della Guerra di Siena, vinta da Cosimo alleato prima di Carlo V e poi di suo figlio e successore Filippo II, ottiene l'investitura feudale di Siena e Portoferraio; assumerà quindi il titolo di duca di Firenze e Siena, Florentiae et Senarum Dux.

Il titolo si accrescerà ulteriormente nel 1570 con l'incoronazione a primo granduca di Toscana. Il Granducato passerà agli eredi medicei fino all'estinzione della famiglia nel 1737, quando il potere passerà per discendenza agli Asburgo-Lorena.
g.m.b.

Pier Paolo Galeotti (ca. 1520-1584), dritto della medaglia in rame per Cosimo de' Medici, 1567; busto corazzato a destra di Cosimo, Bologna, Museo Civico Archeologico

Carlo Morelli (1799-1865), Cosimo I de' Medici, Palazzo della Biscotteria

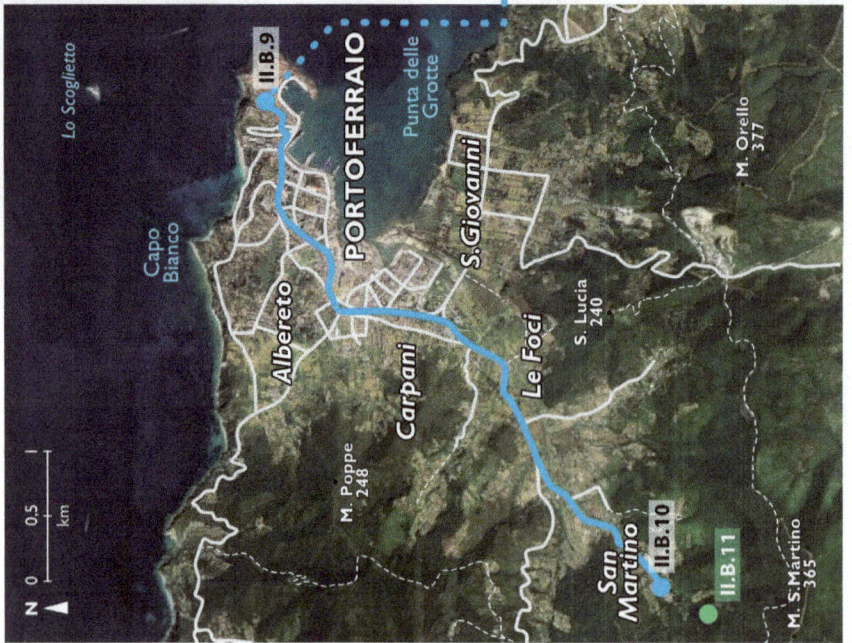

PERCORSO II
Da Cosimo a Napoleone

Parte B (mezza giornata)
La 'capitale napoleonica'

Gloria Peria
Giuseppe Massimo Battaglini

Introduzione
II.B.1. Porta a Mare `(9)`
II.B.2. Palazzo della Biscotteria `(5)`
II.B.3. Chiesa del Santissimo Sacramento `(5)`
II.B.4. Duomo `(6)`
II.B.5. Casa di madame Letizia
II.B.6. Chiesa e Museo dell'Arciconfraternita della Misericordia `(4)`
II.B.7. Centro Culturale De Laugier (Saletta Napoleonica, Pinacoteca Foresiana) `(3)`
II.B.8. Palazzina dei Mulini `(2)`
II.B.9. Teatro dei Vigilanti `(1)`
II.B.10. Villa di San Martino

Approfondimenti
Le confraternite di Portoferraio
Il principe Demidoff
La bandiera dell'Elba

Opzioni
II.B.11. Bosco di San Martino
II.B.12. La costa settentrionale di Portoferraio
II.B.12.a. Spiaggia delle Viste
II.B.12.b. Spiaggia delle Ghiaie
II.B.12.c. Spiaggia Padulella
II.B.12.d. Spiaggia del Seccione
II.B.13. Forte Inglese
II.B.14. Forte di Monte Bello

I numeri su fondo rosso *e* blu *si riferiscono alla cartellonistica comunale in situ.*

Notizie utili
Il percorso si svolge nel centro storico di Portoferraio e si conclude con la visita della residenza napoleonica in località San Martino a 5 km dal centro. L'itinerario descritto può essere effettuato a piedi e la visita richiede tre ore circa. La Villa di San Martino è raggiungibile in circa 15 minuti in taxi (stazione Calata Italia tel. 0565 915112) oppure con mezzo pubblico (partenza e arrivo Calata Italia, CTT Bus Isola d'Elba, per informazioni 0565 914783, 914392). Orari e modalità di accesso a monumenti e siti sono riportati nelle rispettive schede. Per possibilità di parcheggio in prossimità del centro storico vedere pagina 133. Questo percorso può essere abbinato nella stessa giornata a quello precedente (La città medicea lorenese).

Con più disponibilità di tempo suggeriamo di visitare anche le opzioni descritte alla fine del percorso. Le spiagge sulla costa settentrionale e Forte Inglese (circa 1,2 km dal centro) si raggiungono facilmente a piedi; volendo arrivare a Forte di Monte Bello (circa 1,8 km da Forte Inglese) può essere utile la disponibilità di un mezzo. Gran parte del percorso è su strada asfaltata.

François Rude (1784-1855), busto di Napoleone, Pinacoteca Comunale Foresiana (attualmente esposta nella Palazzina dei Mulini)

INTRODUZIONE

Nel 1814 Portoferraio accoglie all'interno delle sue mura il più famoso uomo di stato dell'età moderna: Napoleone Bonaparte. Al momento del crollo del suo impero, Napoleone ha infatti stabilito come sede del suo esilio l'Elba. La bontà del clima e la mitezza degli abitanti sono stati i motivi della sua scelta, così scrive in privato, a sua moglie Maria Luisa d'Austria, in una lettera compilata in viaggio verso l'isola, e ribadisce in pubblico, nel proclama che sarà diffuso dopo il suo arrivo in tutti i Comuni dell'isola. Napoleone sbarca dalla fregata inglese *Undaunted* il pomeriggio del 4 maggio 1814, scendendo a terra sul molo della Porta a Mare tra una folla festante di cittadini, accolto dalle massime autorità dell'isola. Dopo un solenne Te Deum officiato nel Duomo, prende residenza nel palazzo comunale della Biscotteria, ma il frastuono che vi si ripercuote dalle strade cittadine, lo infastidisce. Sceglie quindi come quartiere generale una bella dimora posta nella parte alta di Portoferraio, in un luogo detto dei Mulini, per i mulini a vento che vi preesistevano. In seguito poi, durante le consuete passeggiate a cavallo, l'imperatore rimarrà colpito dalla particolarità di una tenuta a San Martino, all'interno della quale farà ampliare e modificare il vecchio edificio esistente fino a farne una residenza di campagna. Nonostante la modestia delle dimensioni e del fasto, le dimore elbane riprodurranno lo schema abitativo delle prestigiose residenze francesi e, come a Parigi o a Saint-Cloud o a Fontainebleau, anche all'Elba vi si svolgeranno cerimonie e udienze ufficiali, balli di gala, rappresentazioni teatrali, frequenti piccoli concerti. Napoleone porta con sé sull'isola, anche una corte di ufficiali, di medici, di cuochi, di giardinieri e di scudieri che curano i suoi amati cavalli montati durante le famose battaglie. Tutto è predisposto per rendere gradevole la permanenza di sua moglie e di suo figlio, il piccolo Re di Roma che, invece, non lo raggiungeranno mai. Il dolore e la delusione rendono Napoleone ancora più efficiente ed egli impiega nell'organizzazione del suo piccolo regno la stessa energia che ha speso per creare l'enorme impero che non possiede più. Con il miraggio di ricrearlo, il 26 febbraio 1815 alle sette di sera, tra lo sgomento generale, l'imperatore lascia l'Elba e parte per l'effimera riconquista del suo impero. Per qualche tempo l'illusione è viva; la sua armata ricostituita combatte a Waterloo. La definitiva sconfitta lo esilia in un'altra isola questa volta fatale: è Sant'Elena, uno scoglio nell'Oceano Atlantico dove la morte lo sorprende il 5 maggio 1821.

II.B.1. Porta a Mare

Cartellonistica comunale, Itinerario Mediceo n° 9
Geo 42.814396,10.331279

*Porta a Mare, vista
da Piazza Cavour*

Primo imponente varco che incontriamo nelle mura che cingono la Darsena, per diversi secoli ha rappresentato l'unico accesso dal mare alla cittadina. Fino al XVIII secolo infatti, lungo le mura a picco sul mare, non sono esistiti ingressi privati, né porte, né finestre e la Porta veniva chiusa tutte le sere e aperta al mattino, sia per sicurezza, sia per controllare l'ingresso delle merci e delle persone. Oltre che dalle lapidi medicee di cui si è già parlato, per il tempo del governo francese, la Porta è stata sovrastata da uno stemma in marmo con l'aquila imperiale che oggi si trova sulla terrazza della Villa di San Martino. E'

sul pontile davanti alla Porta a Mare, che Napoleone è stato accolto dal sindaco Traditi che gli ha offerto le chiavi della città. In quell'occasione furono resi accessibili alla popolazione accorsa da tutta l'isola a festeggiare l'eccezionale evento, anche i cammini di ronda che sovrastavano sia la Porta sia le grandi muraglie che proteggono la piazza di Portoferraio. Oggi, entrando a sinistra, all'interno del fornice della Porta a Mare, l'antica *Gran Guardia*, sede del corpo di guardia dei soldati che controllavano l'accesso in città, è utilizzata come luogo d'informazione culturale e turistica.

II.B.2. Palazzo della Biscotteria

Cartellonistica comunale, Itinerario Napoleonico n° 5

Geo 42.815132,10.331099

Possibilità di visita: essendo sede del Comune di Portoferraio il Palazzo della Biscotteria è visitabile solo limitatamente. Nei giorni lavorativi rivolgersi agli uscieri al primo piano.

Attraversando la Porta a Mare e percorrendo Piazza Cavour sul lato sinistro, si giunge al Palazzo della Biscotteria, oggi sede del Municipio. Perdendo la sua fun-

zione originaria di fabbrica del biscotto di pane, il palazzo, che nel corso del sec. XIX ha subìto diversi interventi strutturali, ha assunto con il tempo quella di sede

Palazzo della Biscotteria, Sala del Consiglio Comunale

degli uffici amministrativi, giudiziari, sco- lastici, carcerari. Nei primi anni dell'ot- tocento divenne sede di diversi organismi amministrativi francesi. Nel 1808 vi fu co- struita una torretta per ospitare l'orologio che si trovava sulla facciata del soppresso convento dei frati francescani, trasforma- to in caserma. Nel 1813, l'ala nord-ovest del palazzo che conservava gli antichi forni della comunità, fu distrutta da un violento incendio e dopo una veloce e sommaria opera di ristrutturazione, l'anno successi- vo, il palazzo accolse Napoleone nei suoi primi giorni elbani. Dopo qualche anno dalla partenza dell'imperatore, si inizia- rono veri e propri lavori di ristruttura- zione e di trasformazione dell'edificio in Palazzo Pretorio, mantenendo intatta al suo interno una cisterna alimentata da una modesta sorgente di acqua pura, utilizzata per gli antichi forni e *ai tempi di siccità e di assedio*. Nella sala del Consiglio campeg- giano quattro grandi quadri di ottima fat- tura che raffigurano i sovrani che si sono succeduti alla guida della città, dalla sua fondazione al regno napoleonico. I quadri, che furono donati a più riprese al Comu- ne di Portoferraio dal principe Anatolio Demidoff, rappresentano partendo da si-

Carlo Morelli (1799-1865), Napoleone, Palazzo della Biscotteria (temporaneamente esposto nella Saletta Napoleonica della Pinacoteca Foresiana)

nistra, il fondatore Cosimo I de' Medici, il granduca Leopoldo II di Lorena, in veste di gran maestro dell'Ordine dei Cavalie- ri di Santo Stefano, la granduchessa Ma- ria Antonietta e una copia dal Gerard, del Napoleone Imperatore (temporaneamen- te esposto nella Saletta Napoleonica della Pinacoteca Foresiana, Centro Culturale De Laugier) realizzati da Carlo Morelli (1799-1865).

73

II.B.3. Chiesa del Santissimo Sacramento

Cartellonistica comunale, Itinerario Mediceo n° 5
Geo 42.815636,10.331405

Chiesa del Santissimo Sacramento, facciata

Corrado Feroci (1892-1962), bassorilievo in bronzo di Napoleone, Chiesa del Santissimo Sacramento

Proseguendo lungo Via Garibaldi, poco prima della bellissima scalinata rosa che conduce al quartier generale napoleonico, si trova la chiesa appartenente all'omonima Confraternita fondata nel XVI sec. Via Garibaldi, l'antica Via del Buon gusto, secondo la tradizione, ha accolto Victor Hugo che vi abitò per qualche anno, da bambino, essendo venuto a Portoferraio nel 1802 a seguito del padre Léopold, comandante della guarnigione napoleonica. Alla Chiesa del Santissimo Sacramento, il cui nucleo più antico risale al XVII sec., è annessa, sulla sinistra, una cappella dedicata ai caduti in guerra, all'interno della quale sono collocate tre pregevoli lunette del pittore elbano Giuseppe Mazzei (1867-1944) autore anche del quadro dell'Assunta (da Guido Reni), situato sull'altare maggiore. Nel presbiterio è esposto anche un simulacro del crocifisso rinvenuto durante la costruzione della cittadina e divenuto oggetto di particolare culto in seguito alla predicazione di San Paolo della Croce, fondatore dell'ordine dei Passionisti. La Chiesa del Santissimo Sacramento ricevette la visita nel 1806, del principe di Lucca e Piombino Felice Baciocchi, consorte della sorella di Napoleone, Elisa Bonaparte. Qualche tempo dopo, vi si festeggiarono con solenni riti religiosi: il 15 agosto 1809 la ricorrenza di San Napoleone e nel 1813 le vittorie ottenute dall'imperatore a Lutzen. Nella Chiesa si conserva quello che un'accertata tradizione popolare sostiene essere il baldacchino del letto di Napoleone, prelevato dalla residenza dei Mulini dopo la partenza dell'imperatore. Il baldacchino, ridotto a cattedra vescovile, è in seta moirée gialla con applicazioni di raso di vari colori formanti rami con fiori, foglie e disegni simulanti costruzioni architet-

toniche. Tra i vari cimeli ricordiamo anche un pregevole bassorilievo in bronzo
(altra copia originale si trova murata al
pian terreno della Palazzina dei Mulini)
raffigurante il volto dell'imperatore realizzato dallo scultore fiorentino Corrado
Feroci (1892-1962) in occasione del centenario napoleonico del 1914.

*Baldacchino del
letto di Napoleone,
dettaglio*

II.B.4. Duomo (Parrocchiale della Natività della Beata Vergine Maria)

Cartellonistica comunale, Itinerario Mediceo n° 6
Geo 42.814697,10.332432

Attraversando la Piazza d'Armi, oggi
Piazza della Repubblica, ci troviamo di
fronte l'edificio parrocchiale che iniziato
a costruire nel 1549, fu ampliato a più riprese nel XVII e nel XVIII sec. Nel 1813
vi furono trasferiti: il pulpito in marmo
(opera del XVI sec.) proveniente dalla
soppressa chiesa di San Salvatore (ridotta a caserma nel 1803 insieme all'attiguo
convento francescano) e il barocco altare
maggiore in marmo policromo proveniente dalla sconsacrata chiesa del Carmine. Il Duomo è intitolato alla Natività
della Beata Vergine Maria e al suo interno
presenta nella navata sinistra, una grande tela raffigurante la Vergine Assunta, di
Carlo Morelli, donata nel 1853 dal principe Anatolio Demidoff. Sul fianco dell'altare maggiore si trova un grande crocefisso ligneo la cui fattura risale all'epoca
di fondazione della chiesa e una pregevole
tela raffigurante la visita di Maria a Santa
Elisabetta, attribuita al Passignano (1558-
1636). Il quadro era stato donato nel 1783
al convento francescano dal Granduca di
Toscana a parziale risarcimento della Pietà
del Bronzino trasferita presso la reale Galleria di Firenze. Alle pareti sono esposti
dipinti del XVII e XVIII sec. e sulla destra, vicino all'ingresso, si trova un altare

dedicato alla Madonna del Buon Viaggio
particolarmente venerata, sin dagli inizi
del XVIII sec., da buona parte della popolazione di Portoferraio dedita alla marineria. Il 4 maggio 1814, accompagnato
in trionfo nel Duomo, Napoleone vi as-
sistette ad una solenne funzione in suo
onore, eseguita dal vicario generale del
clero elbano, mons. Arrighi, durante la
quale fu eseguito un solenne Te Deum di
ringraziamento.

*Il Duomo di
Portoferraio, facciata*

II.B.5. Casa di madame Letizia

Geo 42.815786,10.332369

La Casa di madame Letizia

Dal Duomo, salendo la larga scalinata che costeggia la più antica locanda di Portoferraio (L'Ape Elbana) che ospitò anche un giovane Alberto Moravia affascinato dal mito napoleonico, dopo aver attraversato Via Roma e Via Elbano Gasperi (eroe risorgimentale), ci troviamo sulla sinistra, Via Madame Letizia. Verso la metà della via, al civico n° 12 sorge l'abitazione (al tempo di proprietà della facoltosa famiglia Vantini) che accolse dal 2 agosto 1814, la madre di

Napoleone con la sua piccola corte. L'abitazione è privata e attualmente non aperta alle visite pubbliche. La facciata esterna si presenta con un semplice portone dipinto di verde che immette su un'antica scala di pietra serena. All'interno dell'appartamento, ridotto nelle dimensioni rispetto al passato, si trova ancora un camino di marmo bianco in stile impero. Nell'ampio salone si legge l'epigrafe: *1836. Giorgio Manganaro divenuto possessore di questa casa, fa sapere ai posteri che nel 1814 e nel 1815 fu albergo di Letizia Bonaparte e con lei il più della giornata qui stava Napoleone.* Il Manganaro era stato un ufficiale napoleonico. Il giardino retrostante, sviluppato a terrazze su diversi livelli, conserva una statua mutila in pietra raffigurante un'antica divinità femminile e una cisterna ornata da un decoro piramidale in pietra. Nella parete nord del muro che circonda il giardino vi si possono ancora individuare le tracce di un passaggio che doveva permettere il transito di una carrozza proveniente dall'allora unica strada carrabile che conduceva al quartier generale napoleonico dei Mulini.

II.B.6. Chiesa e Museo dell'Arciconfraternita della Misericordia

Cartellonistica comunale, Itinerario Napoleonico n° 4

Geo 42.816069,10.331957
Chiesa e Museo osservano i seguenti orari:
Periodo estivo, dal 1 aprile al 31 ottobre: Chiesa, tutti i giorni 8.00-19.00; Museo, lunedì a sabato 10.00-12 / 16.00-19.00, ingresso € 1
Periodo invernale; Chiesa, tutti i giorni 8.00-13.00; il Museo è chiuso.
Per informazioni: tel 347 3535355, a.bracali@misericordiaportoferraio.it

In Via Madame Letizia, di fronte all'abitazione che ospitò la madre di Napoleone, si apre una piccola via che costeggia l'edificio della Chiesa della Misericordia, il cui ingresso principale si apre sulla Salita Napoleone. Costruita nel 1677, ogni anno il 5 maggio, per volontà del principe Anatolio Demidoff, vi si celebra una messa in

suffragio di Napoleone. Al suo interno, sulla sinistra, si nota una grande corona in legno dorato che sovrastava la statua della Madonna del Carmine, originariamente collocata nell'omonima chiesa che, come ricorda l'epigrafe sottostante, Napoleone trasformò in teatro. Più avanti, sulla sinistra della zona presbiteriale, un'altra epigrafe ricorda che nel 1814 si replicò la festa patronale con l'esposizione delle reliquie di San Cristino, appositamente per permettere a Napoleone di parteciparvi, essendo arrivato la settima successiva alla ricorrenza del santo. La balaustra in marmo che circoscrive l'altare, proviene dalla distrutta chiesa di San Martino dedicata, sempre dal principe russo, al culto di San Napoleone. La chiesa conserva un organo costruito nel 1792. A pochi passi dall'ingresso principale si trova il piccolo museo di cimeli napoleonici realizzato, in parte, negli ambienti che nel XVII sec. ospitarono il primo ospedale della città. Nel Museo si possono ammirare: il calco del viso e della mano dell'imperatore realizzati a Sant'Elena; la copia del catafalco dell'imperatore; la bandiera creata da Napoleone per l'isola d'Elba e diversi altri interessanti oggetti appartenenti alla Confraternita o ad essa donati da privati cittadini. Fa parte dell'edificio ecclesiastico anche una cappella che conserva l'antica effige, considerata taumaturgica, della Vergine Lauretana, traslata nel 1744 da una chiesetta, oggi scomparsa, che si trovava presso la Torre della Linguella.

Chiesa dell'Arciconfraternita della Misericordia, facciata

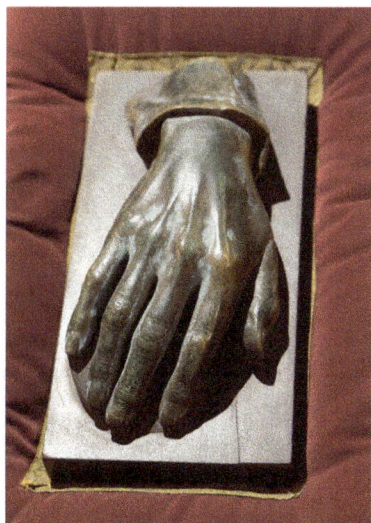

Calco della mano di Napoleone

Maschera mortuaria di Napoleone

Le confraternite di Portoferraio

Terminata la costruzione della città, il duca Cosimo I fece venire da Firenze 'due scelti uomini per insegnare ai Secolari il modo di offiziare le confraternite', quella del Corpus Domini, istituita nel 1551, lo stesso anno di fondazione del Duomo, la chiesa parrocchiale, e quella della Misericordia, creata nel 1566. I due sodalizi hanno il compito di sostenere i più bisognosi con la somministrazione di beni di prima necessità, di assistere spiritualmente gli infermi e di trasportare i defunti al sepolcro. Sono caratterizzati, secondo la consuetudine fiorentina, dal colore delle cappe indossate dagli affiliati, quelle del Corpus Domini in seguito mutuando il nome dalla sede, chiamati del Santissimo Sacramento, di colore bianco e quelle della Misericordia di colore nero. A quest'ultima fu assegnato anche il compito di accompagnare al patibolo i condannati a morte che saranno poi sepolti in terra sconsacrata, presso la collinetta di San Rocco. Ambedue le associazioni, inizialmente, avevano sede nella chiesa parrocchiale: quella della Misericordia presso l'altare del Crocefisso e quella del Corpus Domini presso l'altare di San Liborio poi dedicato all'Immacolata Concezione. Con la costruzione avvenuta nel 1677, della Chiesa della Misericordia divenuta sede dell'omonima confraternita, si destinarono due stanze attigue all'edificio, alla funzione di ospedale per gli indigenti: un asilo che poteva ospitare poche persone, ma che rappresentava comunque un caritatevole conforto. Il Venerdì Santo, la venerabile arciconfraternita esegue la processione della Vergine Addolorata che, portata a spalla dalle Pie Donne, partendo dalla Chiesa della Misericordia nel pomeriggio, raggiunge il Duomo dove si trova il Cristo deposto. I confratelli con la cappa nera, prestano 'la guardia' dandosi il cambio, fino alle 21, ora in cui inizia la processione per le vie cittadine. Al termine della processione il Cristo viene riposto nell'altare del Crocefisso e l'Addolorata viene accompagnata di nuovo alla chiesa della Misericordia. Un'altra processione si svolge il 29 aprile in occasione di San Cristino, dal sec. XVIII patrono della città, le cui reliquie sono conservate nella Chiesa della Misericordia. La Chiesa del Santissimo Sacramento, in origine piccolo oratorio dedicato alla Vergine Assunta, ampliato e abbellito nel corso del XVII sec., offre tutt'oggi la sede alla confraternita del Corpus Domini, alla quale il papa Gregorio XVI assegnò nel 1831 il titolo di 'Insigne', per l'indefessa opera esplicata nell'ambito religioso e caritatevole. La confraternita, in occasione della festa del Corpus Domini, negli anni pari, dopo la messa vespertina, compie una solenne processione per le vie cittadine seguita da un folto corteo di fedeli. Trattandosi di due confraternite dedite a scopi analoghi, sin dalla loro fondazione hanno alimentato un certo antagonismo che, nel passato, è talvolta culminato in vivaci diverbi. Al passaggio delle processioni, secondo un'antica tradizione proseguita fino al secolo scorso, gli abitanti di Portoferraio, indipendentemente dalla confraternita di appartenenza, addobbavano i davanzali delle finestre con coperte di stoffa preziosa (damasco, raso, broccato) e con luminarie costituite anticamente da candele e torce che furono poi sostituite da lampadine elettriche montate su appositi supporti.

g.p.

II.B.7. Centro Culturale De Laugier
(Saletta Napoleonica, Pinacoteca Foresiana)

Cartellonistica comunale, Itinerario Napoleonico n° 3
Geo 42.815581,10.331434

Il Centro ospita la Pinacoteca Comunale Foresiana, la Biblioteca Comunale Foresiana, l'Archivio Storico e la Collezione fotografica Leonida Foresi (quest'ultima attualmente non accessibile).
Orario di apertura al pubblico: (si consiglia di verificare prima della visita)

- *Pinacoteca Comunale Foresiana: 10.00-13.00, 16.00-18.30; ingresso a pagamento; per informazioni: Cosimo De' Medici (vedere seconda di copertina)*
- *Biblioteca Comunale: lun, mer e ven 09.00-12.00; mar e gio 15.00-18.00; eccetto i giorni festivi. Per informazioni: Tel 0565 937371; resp. 0565 937272; biblioteca@comune.portoferraio.li.it (Centro Culturale De Laugier)*
- *Archivio Storico: le richieste di consulenza e assistenza per la consultazione di materiale archivistico possono essere eseguite nei giorni feriali di martedì e giovedì dalle ore 15.00 alle ore 18.00 oppure previo appuntamento con la responsabile incaricata dalla Gestione Associata degli Archivi storici elbani. La sola consultazione del materiale archivistico già richiesto e disponibile è consentita anche in altri orari di apertura della biblioteca.*
- *Collezione fotografica Leonida Foresi: attualmente non accessibile.*

Vedere anche l'approfondimento sulla Pinacoteca Comunale Foresiana pagina 90.

Attraversando la Salita Napoleone dalla Chiesa della Misericordia si accede al Centro Culturale De Laugier, ex convento francescano trasformato in caserma dopo l'annessione di Portoferraio alla Francia (1802). Al primo piano, all'interno della Pinacoteca Foresiana, si trova la Saletta Napoleonica nella quale si possono ammirare partendo da sinistra, un ritratto di Napoleone imperatore (copia di quello del Gérard, appartenuto a Anatolio Demidoff) realizzato da Carlo Morelli e donato al Comune di Portoferraio dal principe russo nel 1853; una veduta della Villa di San Martino (donata al Comune di Portoferraio dal concittadino collezionista e critico d'arte Giampaolo Daddi) eseguita da Giacomo Mellini (1759-1842) che rappresenta l'edificio in epoca napoleonica.

Sono esposti, inoltre, altri prospetti delle residenze napoleoniche, diverse stampe di soggetto napoleonico e alcuni dei libri appartenuti a Napoleone, provenienti dalla biblioteca della Palazzina dei Mulini.

La Saletta Napoleonica allestita all'interno della Pinacoteca Foresiana in occasione del bicentenario dell'arrivo di Napoleone all'Elba

II.B.8. Palazzina dei Mulini

Cartellonistica comunale, Itinerario Napoleonico n° 2
Geo 42.816687,10.332113

Museo Nazionale delle Residenze Napoleoniche dell'isola d'Elba
Orari (si consiglia di verificare prima della visita)
Apertura estiva: da lunedì a sabato 8.30-19.30 (ultimo ingresso 19.00), domenica e festivi 8.30-13.30 (ultimo ingresso 13.00);
Apertura invernale, in vigore fino all'ultima domenica di marzo: 8.30-13.30 (ultimo ingresso 13.00)
Chiuso il martedì, 1 gennaio, 25 dicembre
Ingresso a pagamento; disponibilità di biglietti cumulativi per le due Residenze Napoleoniche con validità di tre giorni.
Per informazioni: Tel: 0565 915846, 0565 914688; pm-tos.elba.villamulini@beniculturali.it

Residenza napoleonica dei Mulini, facciata

Percorrendo la Salita Napoleone fino in cima, si arriva alla residenza cittadina dell'imperatore, situata in una posizione straordinaria: già alloggio del governatore nel XVIII sec. e sede del genio militare durante il governo francese, può essere perfettamente isolata e controllata, posta com'è tra i due forti Stella e Falcone e delimitata da una ripida scogliera a picco sul mare. Trasformata dall'imperatore per renderla più adatta alle sue esigenze, la residenza fa parte di un quartier generale comprendente: la piazza antistante, dove era passata in rassegna la guardia, il padi-

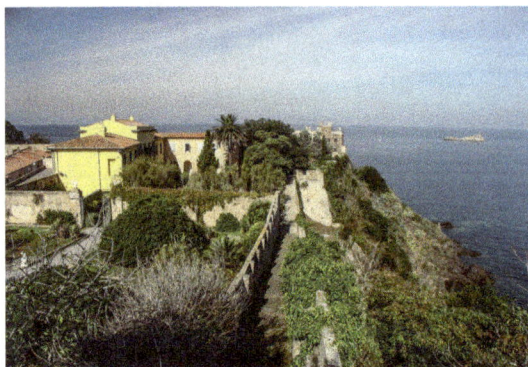

*I giardini della
residenza, sullo
sfondo lo Scoglietto*

*Residenza dei
Mulini, Camera da letto
dell'Imperatore, che oggi ospita
un importante salotto stile impero*

*Residenza dei
Mulini, Biblioteca
dell'Imperatore*

glione riservato agli ufficiali e i locali di servizio collocati sul retro dell'adiacente caserma ex convento di San Francesco. All'interno della residenza troviamo la biblioteca napoleonica costituita attualmente da circa 1200 volumi, residui di un nucleo più ricco che l'imperatore aveva portato con sé dai castelli di Fontainebleau e Saint Cloud e che nel 1815 aveva donato al Comune di Portoferraio. Da notare per il pregio artistico, un busto di Napoleone Primo Console realizzato dallo scultore francese François Rude (1784-1855) donato al Comune di Portoferraio nel 1914 in occasione del primo centenario napoleonico, dal munifico intellettuale e collezionista d'arte, Mario Foresi. Attraverso il giardino della residenza napoleonica, un tempo ornato di rose rifiorenti e di alberi di aranci e limoni, si giunge al parapetto con magnifica veduta - sul quale è fissato uno stemma imperiale fatto collocare dal tenente colonnello Tabacchi, il 5 maggio 1883 - da cui si può osservare, sulla sinistra, distante circa un miglio, un isolotto anticamente detto *Ferrajola*, oggi Scoglietto, che fornì nel XIX sec. insieme al promontorio di Punta Pina, le pietre per lastricare diverse vie cittadine. Sopra lo Scoglietto si trova un faro edificato nel 1910 dalla Regia Marina. A poche decine di metri dalla costa si trovano due scogli gemelli nominati in epoca napoleonica *les deux frères* chiamati ancora oggi dai pescatori locali, con una corruzione degli antichi termini francesi: *i dufrè*.

II.B.9. Teatro dei Vigilanti

Cartellonistica comunale, Itinerario Napoleonico n° 1
Geo 42.815538,10.329929

Orario (si consiglia di verificare prima della visita)
Dalla vigilia di Pasqua al 3 novembre: 10.00-12.30; 14.30-18.40
In altri periodi e orari è visitabile per gruppi su appuntamento.
Ingresso a pagamento; disponibilità di biglietti cumulativi (Cosmopoli Card).
Per informazioni: Cosimo De' Medici (vedere seconda di copertina)

Nucleo originario dell'edificio fu una cappella fatta erigere da Orazio Borbone dei marchesi di Sorbello nel XVII sec. e trasformata nel secolo successivo nella granducale Chiesa del Carmine. A seguito della soppressione delle confraternite, per volere del granduca di Toscana Leopoldo I, la chiesa fu chiusa e spogliata dei suoi magnifici arredi, alcuni dei quali confluirono nella Chiesa della Misericordia e nel Duomo. Quando Napoleone arrivò all'Elba, l'ex chiesa che aveva ospitato la prima riunione ufficiale congiunta di tutte le municipalità elbane per sancire l'ingresso nell'amministrazione francese (1802), era da tempo usata come magazzino militare. Non destò pertanto clamore la sua trasformazione in teatro, volendo oltretutto l'imperatore risarcire la città, privata del suo spazio teatrale che era stato inglobato dalla nuova residenza dei Mulini. Il progetto fu affidato all'architetto Bargigli ma, nonostante la bravura del progettista e l'eleganza delle decorazioni e del sipario (dipinto a tempera magra e raffigurante il tema di Apollo e Admeto) eseguiti dal pittore piemontese Vincenzo Revelli, l'imperatore non apprezzò il risultato per la ristrettezza dell'edificio. Non ci è dato sapere se Napoleone avesse partecipato all'inaugurazione, mentre è certo che fecero la loro pubblica apparizione sua sorella Paolina e sua madre, Letizia Ramolino. La vita del Teatro iniziò sotto la direzione dell'Accademia dei Fortunati che ben presto prese il nome dei Vigilanti con il caratteristico stemma del Gallo. Dopo la partenza di Napoleone, le rappresentazioni continuarono anche sotto forma di feste da ballo. Adattato a cinema dal 1937 al 1952, il teatro restò poi abbandonato per decenni fino a che un sapiente restauro l'ha restituito alla sua originaria funzione.

Teatro dei Vigilanti, facciata

Teatro dei Vigilanti, interno

II.B.10. Villa di San Martino

Geo 42.785732,10.280668

In località San Martino a 5 km dal centro di Portoferraio.
Museo Nazionale delle Residenze Napoleoniche dell'isola d'Elba
Orari (si consiglia di verificare prima della visita)
Apertura estiva: da lunedì a sabato 8.30-19.30 (ultimo ingresso 19.00), domenica e festivi 8.30-13.30 (ultimo ingresso 13.00);
Apertura invernale in vigore fino all'ultima domenica di marzo: 8.30-13.30 (ultimo ingresso 13.00)
Chiuso il lunedì, 1 gennaio, 25 dicembre
Ingresso a pagamento; disponibilità di biglietti cumulativi per le due Residenze Napoleoniche con validità di tre giorni.
Per informazioni: Tel: 0565 915846, 0565 914688; pm-tos.elba.villamulini@beniculturali.it

Residenza napoleonica di San Martino, ingresso

Residenza napoleonica di San Martino, dettaglio con lo scudo imperiale

Attratto dalla posizione di un edificio situato al centro di una valle incorniciata da colline ricoperte di vegetazione lussureggiante, Napoleone decise di realizzarvi il suo *luogo di rifugio e meditazione*. L'imperatore comprò quindi nel giugno del 1814, con il contributo finanziario di sua sorella Paolina, la tenuta di proprietà di Giuseppe Manganaro. Gli interventi strutturali, affidati all'architetto Bargigli, furono mirati all'ampliamento del fabbricato. All'interno, le sobrie decorazioni realizzate dal pittore piemontese Vincenzo Revelli, culminarono nella Sala del nodo d'amore e nella Sala egizia. Nella Villa sono esposti due disegni di Charlotte Bonaparte, figlia di Giuseppe, fratello maggiore di Napoleone, che raffigurano la situazione dell'edificio da lei ritratto in occasione di una sua visita nel 1829. Come sua consuetudine, durante la ristrutturazione della Villa, l'imperatore curò personalmente tutti i dettagli: dal rifornimento dei materiali alla collocazione di suppellettili di marmo elbano realizzate nel laboratorio di scultura da lui istituito a Rio Marina. La tradizione popolare ricorda a questo proposito che, spinto dalla sua passione botanica, piantò personalmente nel giardino, un bagolaro (micocoulier) fatto venire dalla Provenza. Alla morte di Paolina Bonaparte, avvenuta nel 1825, la villa passò in eredità a suo nipote Napoleone II, Duca di Reichstadt (1811-1832) e, dopo vari passaggi, ne diventò proprietario il magnate russo Anatolio Demidoff, marito di Matilde Bonaparte. Demidoff affidò all'architetto fiorentino Niccolò Matas l'incarico di creare un museo adiacente alla Villa in cui raccogliere i numerosi cimeli napoleonici in suo possesso. Davanti al terrapieno che sostiene l'edificio fu costruita una galleria formata da un corpo centrale e braccia laterali prominenti. Nel braccio di sinistra si trovava una cappella dedicata a San Napoleone che fu smantellata verso la fine del XIX sec. Il prestigioso museo, ricco di innumerevoli opere d'arte ebbe breve vita, dopo la morte di Anatolio, tra il 1875 e il 1880, in una memorabile asta, gran parte del materiale venne disperso. Oggi nella galleria si svolgono interessanti mostre temporanee legate alla storia napoleonica.

Residenza napoleonica di San Martino, Galleria

Residenza napoleonica di San Martino, Sala egizia

Il principe Demidoff

Anatolio Demidoff (1813-1870) principe di San Donato, discendente da una ricchissima famiglia russa dedita all'attività mineraria, compì i suoi studi a Parigi. Stabilitosi poi in Toscana proseguì l'attività di collezionista d'arte, avviata da suo padre Nicola, distinguendosi inoltre per numerosi atti caritatevoli. Nel 1840 sposò Matilde Bonaparte, Principessa di Montfort, figlia di Gerolamo, re di Westfalia, fratello di Napoleone. Matilde, animatrice di uno dei più importanti salotti politico-letterari della Parigi di metà ottocento (frequentato da personaggi come Zola, Flaubert, Dumas), darà un grosso contributo in qualità di consigliera, a suo cugino Luigi Napoleone che diventerà Napoleone III.

Con il matrimonio, Anatolio ebbe accesso facilitato alle opportunità di comprare dagli eredi dell'imperatore, diversi cimeli e proprietà di famiglia. E' grazie a questo privilegio che potè acquistare nel 1851 la Villa di San Martino. Il principe donò all'Arciconfraternita della Misericordia di Portoferraio il calco in bronzo del volto e della mano di Napoleone, con impronte prese nell'isola di Sant'Elena in punto di morte, da Antonmarchi, medico personale dell'imperatore, oltre a una copia fedelissima del sarcofago di Napoleone a Les Invalides di Parigi e una grande bandiera elbana. Il principe Demidoff non si limitò a questa donazione, volle anche dare mandato alla confraternita con un legato di rendita, affinché questa facesse celebrare una messa per commemorare la morte di Napoleone, tutti i 5 maggio, e distribuisse ai poveri della cittadina generi di sostentamento.
g.p.

La bandiera dell'Elba

Ancora prima dello sbarco sull'isola, Napoleone aveva già deciso forma e colore della nuova bandiera dell'Elba: fondo bianco attraversato in diagonale da una striscia rossa sulla quale spiccano tre api d'oro. Su questa scelta grafica sono state fatte varie supposizioni. La più diffusa sostiene che Napoleone ordinò una frenetica ricerca d'archivio per trovare notizie sulle bandiere storiche elbane e che la preferenza sia infine caduta sui colori bianco e rosso dei passati governi. Un'altra ipotesi può invece essere fatta risalire ad un decreto emesso nel 1809, con il quale Napoleone concedeva alle bonnes villes, le città dell'impero che, per diversi motivi gli avevano dimostrato particolare devozione, di incorporare nel loro blasone una banda rossa con tre api d'oro. Napoleone aveva attinto

l'idea di bonne ville da tradizioni medievali francesi, quando questo titolo veniva attribuito ad una città che beneficiava di uno statuto particolare indicante una relazione privilegiata con il re. Senza dubbio, ideando per l'isola intera questa bella bandiera, Bonaparte ne ha voluto sottolineare sia la sua unità, trattandosi a tutti gli effetti, per la prima volta, di un'unica entità statale, sia la sua peculiare e straordinaria condizione di regno napoleonico.

g.p.

Opzioni

II.B.II. Bosco di San Martino

Geo 42.784756,10.281094

In prossimità del regale e sontuoso viale di accesso alla residenza napoleonica, un pò sacrificato da punti ristoro e bancarelle che vendono souvenir, si prende la strada sterrata che si trova sulla sinistra, la si percorre sempre dritto e si sale dolcemente dirigendosi verso la vallata boscosa.

La verdissima e profonda valle ove sorge il bosco di San Martino, si insinua tra i profili della dorsale interna: verso sud il bosco di Monte San Martino (m 370) e verso ovest la cima di Monte Pericolo.

In corrispondenza del comprensorio monumentale e naturalistico legato alla presenza di Napoleone, la pendenza aumenta creando una terrazza naturale, punto panoramico che consente di ammirare in lontananza il profilo delle fortificazioni rinascimentali di Portoferraio.

Le emergenze architettoniche ottocentesche sono inserite nella cornice lussureggiante di un rigoglioso bosco mediterraneo. Prevalgono essenze di alto fusto a prevalenza di leccio (Quercus ilex). Sono presenti varietà tipiche dell'ambiente mediterraneo, anche con esemplari di notevoli dimensioni, di erica (Erica arborea), corbezzolo

(Arbutus unedo) e alaterno (Rhamnus alaternus). La rete sentieristica, discretamente fruibile, permette di raggiungere i percorsi di crinale, in prossimità della strada militare del Molino a Vento. Lungo gli itinerari si incrociano i profumi penetranti del mirto e del lentisco.

La vegetazione presente nelle immediate vicinanze della residenza napoleonica e nel giardino della villa, presenta perlopiù specie esotiche di impianto recente. I dintorni in direzione del bosco di alto fusto, offrono esemplari autoctoni di viburno (Viburnus tinus), fillirea (Phillirea angustifolia), alloro (Laurus nobilis). Tra le specie introdotte troviamo l'eucalipto (Eucalyptus globulus), il cipresso (Cupressus sempervirens), il tasso (Taxus baccata) e diversi esemplari secolari di cedro. Vicino alle costruzioni, molti tentativi di introduzione di specie alloctone, da segnalare esemplari di magnolia (*Magnolia grandiflora*), *Cycas revoluta* e le palme (*Phoenix canariensis*, e *Brahea dulcis*). Interessante notare la presenza di un esemplare plurisecolare di *Olea europaea*.

La tradizione vuole Napoleone presente durante i lavori di sistemazione del parco e gli aneddoti si sprecano. Celebre quello del bagolaro, il famoso micocoulier (*Celtis australis*) fatto venire appositamente dalla Provenza e messo a dimora dallo stesso imperatore. Più probabile che la sistemazione del giardino sia stata affidata a Claude Hollard (già direttore del Parco Reale di Piombino voluto dalla principessa Elisa, sorella di Napoleone) nominato direttore dei giardini imperiali di Pianosa e dell'isola d'Elba e che lui stesso ricoprisse le mansioni di giardiniere. Ad Hollard si deve la piantumazione di gelsi

Veduta del Bosco di San Martino

lungo la via che conduce alla villa, un tentativo napoleonico per sviluppare l'industria del baco da seta sull'isola.

m.g.

II.B.12. La costa settentrionale di Portoferraio

II.B.12.a. **Spiaggia delle Viste** Geo 42.817267,10.331041
II.B.12.b. **Spiaggia delle Ghiaie** Geo 42.81748,10.324153
II.B.12.c. **Spiaggia Padulella** Geo 42.819919,10.316139
II.B.12.d. **Spiaggia Seccione** Geo 42.818699,10.296742

In prossimità del settecentesco faro lorenese del Forte Stella, inizia il tratto di costa settentrionale che presenta le spiagge più suggestive di Portoferraio.

La prima che incontriamo, a ridosso delle fortificazioni del baluardo dei Mulini vicino alla palazzina napoleonica, è quella delle Viste, la cui scogliera è caratterizzata da rocce metamorfiche. La spiaggia è composta da un misto di ciottoli scuri e verdi. I fondali cristallini esibiscono le verdi e foltissime praterie di posidonia.

La spiaggia si raggiunge prendendo a sinistra della palazzina napoleonica un piccolo sentiero in cemento (circa 100 m) che scende verso il mare.

Le Viste

L'atmosfera che offre questa piccola insenatura è particolarmente romantica e struggente: in alto dominano le fortificazioni rinascimentali e i cammini di ronda, sovrastati a loro volta dall'imponente mole di Forte Falcone, paesaggio singolare per una spiaggia cittadina.

Le Ghiaie

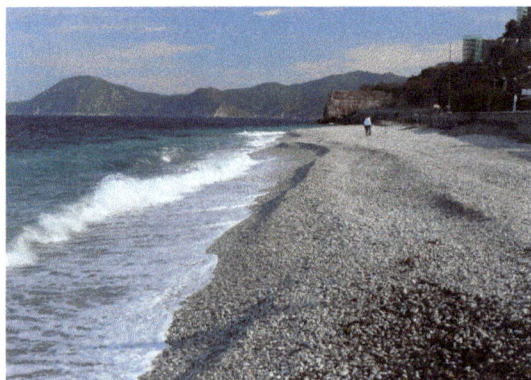

Proprio sotto Forte Falcone, il primo bastione che si affaccia sul mare è il bastione di Santa Fine. Ai suoi piedi inizia la spiaggia delle Ghiaie, riconoscibile dal profilo del grande scoglio antistante (lo Scoglietto). La linea di costa e lo Scoglietto rappresentano un triangolo ideale che costituisce la prima zona di tutela biologica istituita in Italia (1971). Acque cristalline, mare turchese e tantissimi pesci. Zona ideale per immersioni.

La spiaggia, come le altre che si estendono verso ovest, presenta una caratteristica composizione di candidi ciottoli con piccole macchie scure (aplite tormalinica). E qui il mito e la leggenda forse trovano la loro spiegazione. Infatti Apollonio Rodio narra che su queste spiagge approdarono Giasone e gli argonauti in cerca del vello d'oro... (i ricchi giacimenti di ferro presenti sull'isola?) Con il loro sudore per alcuni, con le loro lacrime per altri, macchiarono le rocce presenti sulla spiaggia su cui sbarcarono.

Buona parte della costa settentrionale, dal centro urbano verso ovest, presenta spettacolari scogliere e candide falesie che a loro volta formano spiagge dai ciottoli bianchissimi. Dopo Le Ghiaie incontriamo Padulella (proprio ai piedi del complesso fortificato del Forte Inglese), Capo Bianco, Sottobomba e, a 3 km dal centro, Seccione. Alle spalle della spiaggia di Seccione (denominata localmente i Prunini) in una straordinaria posizione panoramica, si ergono sulla collina i resti del complesso fortilizio di Monte Bello.

Un elemento essenziale nella geologia dell'isola (di eccezionale importanza scientifica, in quanto in poco spazio è concentrata una straordinaria varietà di rocce e minerali) è costituito dalla genesi delle sue montagne di granito, a questa è connessa anche la formazione delle scogliere euritiche poste nella parte centrale della costa settentrionale. Si tratta di ammassi di porfido granitico, talvolta attraversati da filoni di aplite porfirica tormalinifera denominata appunto eurite.

m.g.

II.B.13. Forte Inglese e II.B.14. Forte di Monte Bello

Geo Forte Inglese 42.81676,10.318178
Geo Forte di Monte Bello 42.818105,10.301039

Il Forte Inglese si può facilmente raggiungere dai giardini delle Ghiaie, retrostanti l'omonima spiaggia, percorrendo via De Gasperi e, proseguendo dritto, via Einaudi. Dopo 600 metri, in prossimità dell'Hotel Acquamarina, che rimane sulla destra, si svolta a sinistra e si percorre in salita la strada che con alcune curve e tornanti raggiunge l'ingresso del Forte dopo circa 250 m.
Per informazioni e visite guidate: Infopark (vedere seconda di copertina)
Per il Forte di Monte Bello si torna su Via Einaudi e la si prosegue tutta fino a raggiungere l'incrocio che si innesta sulla provinciale Enfola-Viticcio. All'incrocio si imbocca sulla destra in salita, una strada sterrata, che restringendosi in sentiero, senza segnaletica, porta in cima alla collina dove sono presenti i resti del Forte.

Forte Inglese, alle spalle la collina su cui sorge Forte di Monte Bello

Agli inizi del XVIII sec., i comandanti militari del granduca Cosimo III decisero di costruire un nuovo forte esterno al Fronte d'attacco, per la difesa della città da ponente: nacque così il Forte San Giovanni Battista.

Le strategie militari cambiano frequentemente e solo un quarto di secolo dopo, il timore che in caso di conquista da parte del nemico, il Forte potesse costituire più un pericolo che un rinforzo della difesa, portò alla decisione di demolirlo.

Qualche tempo dopo, con il cambiamento dinastico dai Medici agli Asburgo-Lorena, con brusco ripensamento, il Forte fu ricostruito, con lo stesso nome del Battista, che mantenne fino alla fine del secolo.

Per essere stato il punto di forza dell'occupazione inglese di Portoferraio del 1796/7, assunse il nome di Forte Inglese, che mantenne anche nel successivo periodo francese (1801-15), affiancato dal nome di Forte Saint Hilaire. Il Forte divenne un punto nevralgico nel sistema strategico napoleonico della difesa stellare esterna, insieme alla Ridotta di San Rocco, al Forte Saint Cloud e al Forte di Monte Bello. Quest'ultimo fu al centro della continua attenzione di Napoleone, sia prima da Parigi, che poi, nel 1814, direttamente sull'isola. Nonostante le ristrettezze di bilancio del piccolo stato elbano, l'imperatore continuò ad investire sul Forte di Monte Bello fino alla partenza dall'Elba nel febbraio 1815.

Con la Restaurazione, dopo Waterloo, il Granducato ne avviò la demolizione, salvo rinunciarvi per il costo eccessivo delle operazioni.

Quel che resta è ancora visibile, sommerso dalla macchia mediterranea, salendo sul colle a picco sul mare, da cui si può godere di un bellissimo panorama a 360°.

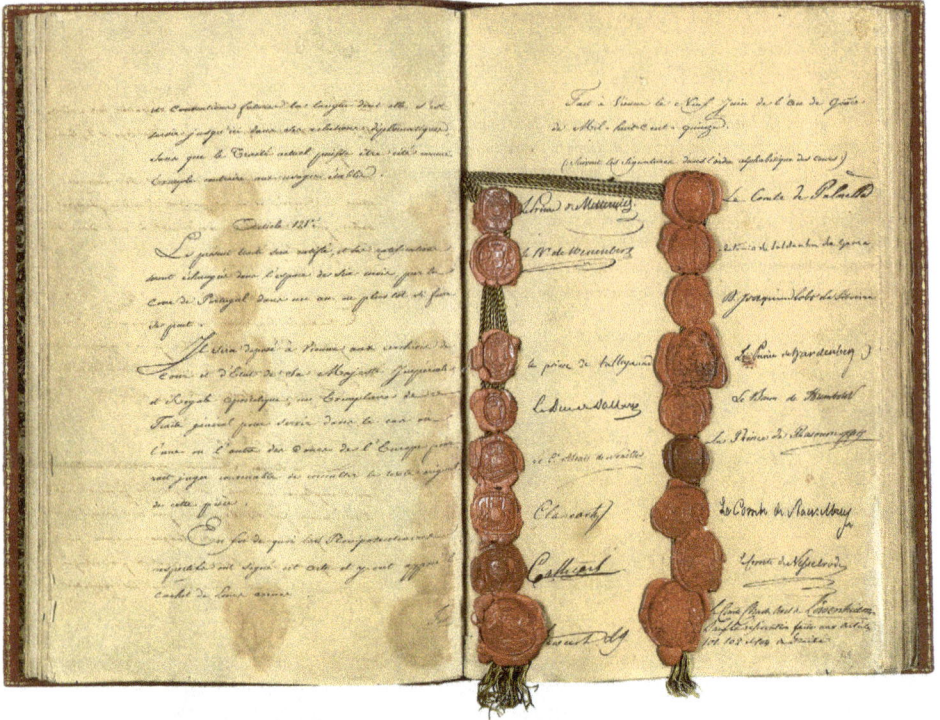

Ratificazione finale del Congresso di Vienna, settembre 1814 - 9 giugno 1815

Uno sguardo fuori percorso

Giuseppe Massimo Battaglini

L'Ottocento

Dopo un vorticoso avvicendarsi di sovrani nel primo quindicennio del secolo: dal Granduca al Primo Console, all'*Empereur des Français*, alla Granduchessa Elisa, all'Imperatore dell'Elba, di nuovo al Granduca. La Restaurazione, con il Congresso di Vienna (1815), riporta Portoferraio nel Granducato di Toscana, restituendola ai Lorena. Una Portoferraio unificata come in periodo napoleonico, al resto dell'isola dopo due secoli e mezzo, divisa fino ad allora in tre distinte sovranità, oltre ai Medici e i Lorena, i principi di Piombino e il re di Napoli a *Porto Longone* (Porto Azzurro). L'Elba riunita nel Granducato verrà affidata ad un governatore civile e militare con sede a *Porto Ferrajo*.

Soltanto Livorno e Portoferraio, i più importanti porti del Granducato, hanno un governatore, con dignità pari alle massime città dello stato. Il governo di Portoferraio coordina anche l'attività delle 4 municipalità in cui l'isola viene suddivisa, oltre al capoluogo, *Porto Longone*, Rio e Marciana. Tutte le istituzioni e gli uffici sovracomunali hanno sede a Portoferraio, che mantiene il suo status di piccola capitale dell'isola, comprendendo anche Pianosa e Montecristo. La classe dirigente locale delle tradizionali famiglie possidenti si divide tra i conservatori che passano volentieri dall'imperatore al granduca nella continuità delle funzioni istituzionali, e i giacobini che cominciano a coltivare gli ideali unitari risorgimentali.

Nell'una e nell'altra schiera troviamo portoferraiesi illustri, come il conte generale Cesare de Laugier e l'artigliere Elbano Gasperi, eroi della battaglia di Curtatone e Montanara nella prima guerra di indipendenza. Così come Raffaello Foresi, costretto, nel 1849, insieme ad altri democratici, a fuggire per mare a Civitavecchia per evitare l'arresto da parte della polizia granducale. Ancora come Giuseppe Bandi, adolescente a Portoferraio con il padre auditore granducale, e poi giovane incarcerato al Forte Falcone, poco prima di partecipare all'avventura garibaldina dei Mille che racconterà mirabilmente nel suo famoso "I Mille da Genova a Capua". Saranno inoltre qui reclusi, nelle Fortezze Medicee, anche i democratici livornesi Francesco Domenico Guerrazzi e Carlo Bini.

La prima metà del secolo vede il consolidarsi di una classe dirigente borghese, largamente massonica, attiva nelle varie articolazioni dell'economia locale.

Il passaggio, negli anni '60 al Regno d'Italia, riduce notevolmente la funzione strategica militare dell'isola e del suo capoluogo, il cui ruolo è fortemente diluito nella più ampia dimensione territoriale della penisola.

La vita economica e sociale viene gravemente turbata dalla spaventosa crisi della coltura della vite determinata dalla fillossera, una peste della pianta che provocherà in tutta l'isola forte emigrazione, specialmente verso l'America meridionale.

Soltanto negli ultimi anni del secolo comincia a maturare la grande novità rappresentata dall'attività siderurgica, direttamente collegata alla secolare industria mineraria dell'isola. L'inizio del XX sec. vedrà gli imprenditori minerari elbani, Tonietti e Del Buono, allearsi con importanti capitali continentali, anche stranieri, e impegnarsi nella realizzazione del grande altoforno che rivoluzionerà la vita economica e sociale dell'isola, ma soprattutto di Portoferraio.

In pochi anni la città passerà da zona di emigrazione a luogo di immigrazione, sia dal resto dell'isola che dal continente. L'antico Porto di Cosimo e di Napoleone diventerà davvero, di nome e di fatto il Porto del ferro.

Pinacoteca Comunale Foresiana (Centro Culturale De Laugier)

Il Centro ospita la Pinacoteca Comunale Foresiana, la Biblioteca Comunale Foresiana, l'Archivio Storico e la Colle-
zione fotografica Leonida Foresi (quest'ultima attualmente non accessibile).
Orario di apertura al pubblico: (si consiglia di verificare prima della visita)

- *Pinacoteca Comunale Foresiana: 10.00–13.00, 16.00–18.30; ingresso a pagamento; per informazioni: Cosimo*
  De' Medici (vedere seconda di copertina)
- *Biblioteca Comunale: lun, mer e ven 09.00-12.00; mar e gio 15.00-18.00; eccetto i giorni festivi.*
  Per informazioni: Tel 0565 937371; resp. 0565 937272; biblioteca@comune.portoferraio.li.it
  (Centro Culturale De Laugier)
- *Archivio Storico: le richieste di consulenza e assistenza per la consultazione di materiale archivistico possono*
  essere eseguite nei giorni feriali di martedì e giovedì dalle ore 15.00 alle ore 18.00 oppure previo appuntamento
  con la responsabile incaricata dalla Gestione Associata degli Archivi storici elbani. La sola consultazione del
  materiale archivistico già richiesto e disponibile è consentita anche in altri orari di apertura della biblioteca.
- *Collezione fotografica Leonida Foresi: attualmente non accessibile.*

La Foresiana riunisce il patrimonio librario e di oggetti d'arte che Mario Foresi donò alla comunità
elbana negli anni venti del Novecento.
Entrando nella Pinacoteca il visitatore viene accolto dai ritratti dei componenti della famiglia Foresi,
i padroni di casa, che invitano a conoscere i personaggi e i luoghi elbani, rappresentati, nell'arco
della seconda metà dell'Ottocento, da diversi artisti fiorentini spesso amici di famiglia come Filippo
Marfori Savini, che con semplici pennellate e grandi campiture coglie la calda luce elbana in tre pae-
saggi tra cui Portoferraio visto da San Giovanni, e Telemaco Signorini il quale, nel piccolo quadretto
Darsena di Portoferraio e nel Ritratto di Mago Chiò, fissa il ricordo della vacanza estiva del 1888
passata sull'isola ospite dell'amico Mario Foresi.

Filippo Marfori Savini (1877-1952), Portoferraio visto da San Giovanni

Telemaco Signorini (1835-1901), Darsena di Portoferraio

Nella seconda sezione si possono ammirare eccellenti esempi dei vari generi che nell'Ottocento influenzarono la pittura: la Baiadera e la Odalisca di Torquato Mazzoni insieme allo Studio di donna Greca di Stefano Ussi, mostrano come l'orientalismo influenzò la produzione accademica; la caricatura è rappresentata nella parete sinistra da due dipinti di Emilio Lapi; alcuni esempi di pittura di genere e ritrattistica, tra cui spicca il Ritratto della moglie di Charles Lefèvre di Felix Henry Giacometti, chiudono la stanza.

Copie dall'antico e pitture di soggetto sacro costituiscono il tema della terza sala che si apre con una tavola di autore ignoto, copia di un particolare dell'Adorazione dei Magi del Botticelli, prosegue con due dipinti di Gaetano Cannicci che riproduce il presunto Autoritratto di Raffaello e il Riposo dalla fuga in Egitto del Correggio e si conclude, tra gli altri, con la Carità di Francesco Morandini, detto il Poppi, allievo di Giorgio Vasari.

La quarta sezione è dedicata alle vedute di città: sulla parete destra Il Ponte Rotto sul Tevere è rappresentato da tre tavole di cui due attribuite alla scuola del Canaletto, Firenze, sulla parete opposta, è il soggetto di due tavolette di Giuseppe Moricci, l'ultima tela, di Pietro Ciafferi, è dedicata al porto di Livorno.

Della pittura di mitologia e di storia antica si occupa la quinta sezione tra cui emergono il piccolo bozzetto del Cefalo e Procri di Pietro Benvenuti e il Suicidio di Lucrezia di Giuseppe Collignon.

La sesta sala ospita quadri ispirati a temi diversi in voga tra Sei e Settecento come le tre Battaglie di Francesco Antonio Simonini o il Vaso di fiori del Lust, la Cagna in agguato di Rosa da Tivoli e l'Inganno un tromp l'oeil di Caterina della Santa.

Proseguendo la visita si incontrano opere dedicate a paesaggi all'antica, tra i quali si distinguono due dipinti di Claude Joseph Vernet, il Lago di Nemi di Salvator Rosa e un Paesaggio di Watelin.

La sezione otto è allestita con l'intenzione di suggerire l'atmosfera di un cabinet antiquario, per questo oltre a ritratti e quadri di argomento religioso vi trovano posto dei mobili antichi tra cui uno stipo d'ebano impreziosito da bronzi dorati e intarsi di pietre dure.

La saletta successiva espone alcuni tra i molti disegni e stampe della collezione Foresi, come la bella incisione Testa di popolana romana (Nanna) di Charles Alphonse Paul Bellay.

Nell'ultima sala sono riunite opere di proprietà del Comune di Portoferraio tra cui due tele di Plinio Nomellini e alcune opere di tre artisti elbani: Pietro Senno con tre grandi tele, Llewelin Lloyd con Tamerici e Giuseppe Mazzei con Saline di Portoferraio (adesso nell'Aula Consiliare del municipio). Conclude la sequenza espositiva la Darsena di Portoferraio del fiorentino Gordigiani.

In una piccola isola, questa piccola collezione si presenta come un'appassionata ricognizione della grande arte italiana, un insieme composto di piccoli e grandi gioielli che testimoniano il gusto del colto antiquariato e della modernità.

l.z.

Nisporto

Bagnaia

Volterraio
394

Cima
del Monte
516

S. Stefano

Punta
Falconaia

Magazzini

Rada di
Portoferraio

Le Prade

III.A.1-3

PORTOFERRAIO

Schiopparello

Lo Scoglietto

Punta delle
Grotte

III.A.5-6

M. Fabbrello
135

Capo
Bianco

III.A.4

S. Giovanni

Albereto

M. Orello
377

0   0.5   1

km

N

Carpani

Le Foci

Colle
Reciso

III.B.1-3

Capo
d'Enfola

135

Enfola

M. Poppe
248

S. Lucia
240

Golfo del
Viticcio

Viticcio

Castiglione di
S. Martino

Forno

Scaglieri

San
Martino

Biodola

M. S. Martino
365

Dall'era delle industrie alla seconda guerra mondiale

Mauro Parigi (*presentazione storico-urbanistica*)
Gianpiero Vaccaro (*presentazione storico-militare della Batteria De Filippi*)
Marino Garfagnoli (*presentazione naturalistica*)
Gloria Peria (*La Tonnara*)

III.A.2

III.A.1

Fortezza
degli Altesi
(III.A.3)

Gattaia
(III.A.3)

Ex-Fosso
(III.A.3)

III.A.3

Ex-Ponticello
(III.A.3)

Taxi

Per III.A.4, III.A.5, III.A.6 vedere
mappe specifiche nella scheda.

N

m

0   100   200

PERCORSO III
Dall'era delle industrie alla seconda guerra mondiale

Parte A (mezza giornata)
La città industriale

Mauro Parigi *(presentazione storico-urbanistica)*
Marino Garfagnoli *(presentazione naturalistica)*

La mappa qui accanto si riferisce solo alle prime tre tappe del percorso. Per le altre tappe fare riferimento alle mappe inserite nelle schede.

Notizie utili
Gran parte di questo percorso, fortemente rievocativo, si svolge nella parte moderna della città ed è consigliato di effettuare la visita a piedi. In base ai propri interessi e al tempo a disposizione, la visita può variare fra tre e cinque ore. Orari e modalità di accesso a musei e siti sono riportati nelle rispettive schede. Per possibilità di parcheggio vedere pagina 133.

INTRODUZIONE

Portoferraio è stata anche un importante centro industriale, di questa vicenda però restano solo labili tracce, un filo di memoria che può costituire un altro punto di vista sulla città. Sono tracce eversive di utilizzazione delle risorse del territorio, visto che fino alle soglie del XX sec. le industrie a Portoferraio erano state nel solco della compatibilità ambientale, come le saline e le attività legate alla cattura e commercializzazione del tonno. Ciò che avviene dopo è palese dimostrazione della geometrica potenza, anche distruttiva, dell'industria moderna di trasformazione del minerale ferroso, l'acciaieria, che non lascia niente del passato e che per altre trame, la guerra ridurrà all'odierno filo di memoria per il futuro. La necessità di immaginare nell'oggi quello che è stato richiede che il nostro viaggio inizi con la testimonianza delle immagini fotografiche d'epoca, raccolte da Leonida Foresi e conservate in mostra nella Sala San Salvatore all'interno del Centro Culturale De Laugier. Partire di qui è indispensabile perché tutto è stato interrotto dalla violenza della guerra, stravolto dalla ricostruzione e dalla conversione turistica di questo territorio. La Collezione Foresi costituisce un punto di riferimento che consente di apprezzare la trasformazione non come negazione del passato ma come storia per il futuro.

All'interno delle mura della città medicea si è dovuto reinventare spazi per ospitare i continui arrivi di manodopera. Così sono state create abitazioni al Forte Stella, alla Fortezza degli Altesi e lungo le rispettive vie di relazione urbana. Le case del Forte Stella, oggi prestigiose residenze turistiche di proprietà privata, sono l'immagine attualizzata delle case operaie che tra le due guerre l'ILVA, società che gestiva gli altoforni e le miniere dell'isola, mise a disposizione dei dipendenti. Sembra quasi che girovagando nell'area del Forte si possano ancora sentire i bambini che urlano e giocano, vedere i vecchi seduti sulla porta di casa e i panni stesi che sbattono al vento e contro il muro. Di densa concentrazione di manodopera operaia ci parlano anche le abitazioni, di sapore quasi rupestre, che all'opposto geografico del Forte Stella, ci guardano come occhi curiosi dai terrapieni dei bastioni della fortificazione sopra l'area degli Altesi. Ma a ben vedere è tutto il centro storico di Portoferraio che è operaio, strade acciottolate con la calcarea pietra rosa delle cave di Val di Piano in prossimità della frazione di Bagnaia. In Piazza della Repubblica il monumento ai caduti è massima espressione dell'unità della nazione nella memoria del sacrificio dei suoi soldati-cittadini, punto di incontro della comunità locale che, altrimenti, poteva ritrovarsi semplicemente attorno ad una fontana: come quella ricostruita in Piazza Gramsci, proprio di fronte al Teatro dei Vigilanti. Teatro che l'ILVA aveva restaurato per farne regalo alle comunità elbane, celebrando così se stessa e la funzione sociale della fabbrica e del capitale, seppure con qualche contraddizione.

Fuori dalle mura si è concretizzata invece la storia della trasformazione industriale del territorio. La si avverte nell'andamento delle banchine del porto commerciale, nei moli che si protendono nel mare, dove prima campeggiavano fino ad inoltrarsi nella rada, come giganteschi millepiedi d'acciaio, i pontili di carico, realizzati per catturare il carbone ed i minerali ferrosi da avviare alla fucina di vulcano degli altoforni.

Il comprensorio dell'acciaieria era vastissimo, si sviluppava dal porto verso l'interno per oltre un chilometro. Non ci sono più pulegge e macchine a vapore che sferragliano per produrre energia, ma rimangono maestosi volumi che svettano rispetto all'intorno come nel caso della Centrale elettrica, retrostante il Palazzo Coppedè, sede della direzione dell'acciaeria. L'edificio è espressione dell'eclettismo degli architetti Coppedè che nei primi anni del secolo scorso hanno spaziato tra epoche e stili, anche altrove sull'Elba, l'attuale Hotel Napoleon a S.Martino ed il cenotafio Tonietti a Cavo.

Prima dell'acciaieria all'interno di questo vasto perimetro, l'acqua salmastra era spartita in squadri, il sole progressivamente prosciugava tutto e consegnava il sale.

Era questa infatti, l'area delle saline diventata bacino di materiale di riporto e loppa di altoforno dura, metallica, grigia, generata da un paesaggio quasi infernale, gli impianti dell'acciaieria, i suoi edifici neri di carbone, le sue ferrovie. La loppa è scoria d'altoforno, un sottoprodotto del processo di produzione della ghisa, il quale genera grandi quantità di risulta liquida, di composizione non lontana da quella del cemento Portland. La loppa liquida acquista caratteristiche idrauliche se all'uscita dall'altoforno viene raffreddata bruscamente, trasformandosi in granuli porosi a struttura vetrosa. L'ondata di loppa non si è fermata a ridosso dell'attività produttiva, ha occupato anche la salina di San Rocco e oltre, ha cassato il lungomare di Concia di Terra e poi, più in là, ha invaso la grande salina di San Pietro fino al confine con il fosso della Madonnina. La loppa ha raggiunto anche spessori di oltre 10 metri e ha impedito razionali sbocchi a mare dei torrenti che discendono dalle colline.

Delle vastissime saline di Portoferraio è ancora visibile solo il bacino termale di San Giovanni: uno specchio di acqua salsa, bassa, oggi oasi naturalistica. Un paesaggio di intima bellezza che consente di poter immaginare come poteva essere 'struggente' il golfo della rada alla fine del XIX sec.: sottili lame d'acqua, piramidi di candido sale, il fumo dell'evaporazione, una sorta di sospensione del tempo.

Portoferraio si dimostra dunque una perfetta occasione per immaginare come ci ha raccontato Italo Calvino, una o mille città. Fortezza inventata città da un principe umanista, diventata capitale di un imperatore senza impero e città industriale senza più industrie. Girovagare per la città alla ricerca delle tracce della rivoluzione industriale che sono di fatto molte più di quanto l'apparenza dell'immediato renda possibile cogliere, impone la necessità di immaginare come è stata Portoferraio e la sua organizzazione urbana. Le testimonianze superstiti rendono possibile la costruzione di una geografia e di un paesaggio soggettivi; uno scenario personale che costituisce un diverso approccio al territorio e lo fa amare perché di fatto lo rende esclusivo.

III.A.1. Collezione Leonida Foresi (Centro Culturale De Laugier)

Geo 42.815581,10.331434

Il Centro ospita la Pinacoteca Comunale Foresiana, la Biblioteca Comunale Foresiana, l'Archivio Storico e la Collezione fotografica Leonida Foresi (quest'ultima attualmente non accessibile).
Orario di apertura al pubblico: (si consiglia di verificare prima della visita)

- *Pinacoteca Comunale Foresiana: 10.00-13.00, 16.00-18.30; ingresso a pagamento; per informazioni: Cosimo De' Medici (vedere seconda di copertina)*
- *Biblioteca Comunale: lun, mer e ven 09.00-12.00; mar e gio 15.00-18.00; eccetto i giorni festivi. Per informazioni: Tel 0565 937371; resp. 0565 937272; biblioteca@comune.portoferraio.li.it (Centro Culturale De Laugier)*
- *Archivio Storico: le richieste di consulenza e assistenza per la consultazione di materiale archivistico possono essere eseguite nei giorni feriali di martedì e giovedì dalle ore 15.00 alle ore 18.00 oppure previo appuntamento con la responsabile incaricata dalla Gestione Associata degli Archivi storici elbani. La sola consultazione del materiale archivistico già richiesto e disponibile è consentita anche in altri orari di apertura della biblioteca.*
- *Collezione fotografica Leonida Foresi: attualmente non accessibile.*

Il centro culturale intitolato a Cesare De Laugier, ufficiale napoleonico di origini elbane, si trova nel cuore del centro storico, lo si può raggiungere facilmente partendo dalla piccola piazzetta antistante il Palazzo del Comune. Guardando il palazzo, si percorre a destra la Salita Napoleone, a circa metà scalinata sulla sinistra si trova il complesso che ospita anche l'Auditorium Nello Santi (sala convegni / cinema, 250 posti).

La Collezione Leonida Foresi presso il Centro Culturale De Laugier

Leonida Foresi ha compilato una storia della città per immagini che poi ha consegnato alla fruizione pubblica mettendola a disposizione del Comune.
La Collezione Foresi documenta un passaggio epocale foriero di magnifiche sorti progressive a tutti i livelli. Ad una società livellata con una vasta plebe ed una ridotta borghesia, se ne sostituisce una, composta da dirigenti d'impresa, impiegati, operai, ma anche da sindacati, da un movimento anarchico con forti radici e da una massoneria che a Portoferraio è anche e soprattutto 'società di mutuo soccorso'. Componenti vitali che pongono le basi per una diversa e più dialettica civiltà del lavoro.

Si tratta di immagini che vanno dall'inizio del '900 alla seconda guerra mondiale e ai suoi tragici esiti. E' possibile così visualizzare la Portoferraio industriale, il porto, i caratteri del centro storico e i grandi eventi, come visite di politici e parate militari. La successione delle foto offre uno spaccato suggestivo, una documentazione avvincente sull'evoluzione economica e sociale della città. Una società che l'acciaieria trasforma rendendola composita e a prevalenza operaia, una città che faticosamente si organizza offrendo nuovi spazi per la vita sociale, come i giardini delle Ghiaie. Una città che il regime fascista militarizza facendone un caposaldo avanzato di difesa territoriale marittima, aggiungendo così un ulteriore aspetto al vivere sociale via via più sfaccettato e vitale.

III.A.2. Forte Stella

Geo 42.81586,10.33343

Il Forte è di proprietà privata. Durante il periodo invernale di solito l'accesso è gratuito, nel periodo estivo il condominio affida la regolamentazione degli accessi ad una cooperativa sociale che effettua (all'ingresso) il servizio di bigliettazione a partire da € 2,00.

Uscendo sul grande piazzale antistante il Centro Culturale De Laugier si raggiunge a sinistra la scalinata Salita Napoleone. Si sale la scalinata fino in cima e si svolta a destra entrando da un varco (a sinistra) all'interno del complesso fortificato.

*Forte Stella visto da
Forte Falcone*

Il Forte è uno dei tre capisaldi del sistema difensivo della città di Portoferraio. Come le altre fortificazioni, Forte Falcone e la Torre della Linguella, è stato realizzato per Cosimo I de'Medici dagli architetti Camerini e Bellucci. Il manto di finitura esterno è in cotto, in modo da infondere un maggior senso di potenza, dando al Forte un particolare rilievo paesaggistico che lo rende immediatamente percettibile fra le peculiarità morfologiche di Portoferraio. La breve ma significativa ascesa che lo separa dalla napoleonica Palazzina dei Mulini è dominata da uno degli spigoli acutissimi della fortificazione che dal basso appare ancora più possente. L'ingresso, quasi con semantica contraddizione, è sottolineato da un piccolo cortile che seppure segnato dalla presenza di una garitta, non sembra affatto annunciare una struttura militare. All'interno del Forte si incontrano gli edifici realizzati per ospitare i militari assegnati alla difesa, che fatte salve limitate integrazioni sono coincidenti con gli attuali. Essi sono disposti in corpi lineari di 2/3 piani fuori terra e disegnano quasi in contraddizione con la natura militare dell'architettura, uno spazio urbano di estrema vivibilità. Gli edifici, in alcuni casi composti da vani suggestivi in quanto recupero di viste ad uso difensivo, furono trasformati in residenze operaie in concomitanza con la venuta a Portoferraio di significative quote di nuova manodopera da

Negli ultimi anni le residenze operaie sono state trasformate in appartamenti privati, destinati in gran parte ad uso turistico

tutta l'Italia. Oggi il Forte ci appare come un suggestivo brano urbano circondato da bastioni appoggiati sapientemente sulle rocce e talvolta a strapiombo sul mare, impreziosito anche dalla presenza del faro realizzato tra il 1788 e il 1789 per volere del granduca Pietro Leopoldo di Asburgo – Lorena, divenuto imperatore d'Austria con il nome di Leopoldo II. La proprietà demaniale del Forte cessò quando il complesso fu ceduto all'ILVA per realizzare

case per le famiglie degli operai. Né tornò di proprietà pubblica, dopo la seconda guerra mondiale, quando tramontata definitivamente l'acciaieria, l'ILVA lo mise in vendita ed il Comune non poté esercitare il diritto di prelazione, non disponendo delle risorse necessarie. Così il Forte divenne proprietà privata e per iniziativa di una famiglia torinese fu progressivamente trasformato in appartamenti privati, generalmente utilizzati per vacanza.

III.A.3. I Moli del porto

Geo Fortezza degli Altesi 42.815016,10.327968
Geo "Gattaia" 42.813197,10.327223
Geo ubicazione dello scomparso Ponticello 42.814668,10.324957
Geo ubicazione dello scomparso fosso (Viale Manzoni) 42.815158,10.324855

Da Forte Stella si torna verso Salita Napoleone e si scende la scalinata in direzione di Piazza Cavour passando accanto al Palazzo del Comune (che rimane sulla destra). Giunti in Piazza Cavour si attraversa la Porta a Mare che sbocca sulla Darsena e Calata Mazzini.

Se si ha più tempo, si consiglia un tragitto un po' più lungo che permette di visitare le tipologie abitative operaie della Via degli Altesi e zone limitrofe. Da Forte Stella ci si dirige verso la residenza napoleonica dei Mulini, lasciando sulla destra Via del Falcone, si attraversa il tunnel imboccando a destra Via della Regina (la parallela più in basso di Via del Falcone) la si percorre tutta e proseguendo dritto si attraversa Via degli Altesi. Questa termina in discesa verso il complesso fortificato della Porta a Terra, attraversando la quale si continua a scendere verso i Moli del porto.

L'andamento delle banchine del porto ha subito nel tempo molte variazioni. Uscendo dalla Darsena medicea, Calata Mazzini, un anfiteatro naturale trasformato sapientemente in porto, passando per la Calata Depositi, si lasciano alla propria destra i primi bastioni della fortificazione di terra. E' questo il fronte di attacco, ai cui piedi ri-

mane uno strano massiccio volume cubico, realizzato negli anni trenta del secolo scorso per ospitare la centrale di pompaggio a servizio dei serbatoi di stoccaggio carburanti della Marina Militare: la cosiddetta 'gattaia'. Toponimo che evidentemente richiama nella semplicità del parlare popolare, quella che deve essere stata una rilevante presenza di felini. Oltre si svolta a sinistra, dopo il quartiere del Ponticello, verso il porto commerciale. L'attuale banchina con lo spazioso piazzale di parcheggio, è un riempimento realizzato negli anni settanta del secolo scorso, prima il mare arrivava oltre. La banchina seguiva l'andamento dell'attuale strada carrabile e si concludeva all'altezza dell'unico edificio posto lato mare, di 4 piani fuori terra, con sottostante fronte bastionato variamente riutilizzato, testimonianza della fortificazione esterna di Portoferraio posta a guardia della Porta del Ponticello. La porta era così denominata perché raggiungibile con un piccolo ponte che scavalcava il fosso che collegava il mare della rada con il mare esterno delle Ghiaie rivolto verso nord, e di fatto rendeva Portoferraio un'isola nell'isola. L'odierno tracciato di Viale Manzoni, parzialmente pedonalizzato ed alberato, ripercorre il fosso. Dalla radice della banchina alto fondale, molo 7, si diparte la Calata Italia che è divisa in due segmenti, il primo fino al molo Massimo, il secondo dal molo Massimo al molo 1. Anche in questo caso

le trasformazioni funzionali alle esigenze di un porto moderno, vocato al traffico traghetti, ha indotto ad avanzamenti della terra verso il mare, ma grossomodo anche all'origine l'andamento della banchine era lo stesso seppure più arretrato. I tre moli che si incontrano in successione sono la moderna trasposizione dei moli realizzati a servizio dell'acciaieria e allora caratterizzati sostanzialmente da grandi strutture in acciaio ove correvano nastri trasportatori o carrelli per traferire dalle navi minerali ferriferi e carbone. Sul lato terra, i corpi bassi di piccoli edifici di servizio dell'acciaieria hanno lasciato il campo ad una architettura degli anni sessanta, figlia di un progetto che ipotizzava il disegno di una cornice continua di edifici posti a coronamento delle banchine. La cornice è stata realizzata solo in parte e sicuramente è riuscita solo per quanto riguarda il cosiddetto 'grattacielo' ove l'arretramento del volume del primo piano costituisce una felice soluzione d'ingegno del progettista che così riesce a conferire snellezza ad un edificio che comunque è di soli 11 piani.

Panorama del porto, visto dalle Fortezze Medicee

III.A.4. L'Area dell'acciaieria

Geo degli scomparsi altiforni 42.810884,10.322191
Geo Cromofilm 42.811372,10.320973
Geo Forte St. Cloud 42.811561,10.321987
Geo Palazzo Coppedè 42.811022,10.321563
Geo Mulino 42.811447,10.322287
Geo ex-Centrale elettrica 42.812002,10.321316
Geo Bricchetteria 42.811707,10.319476

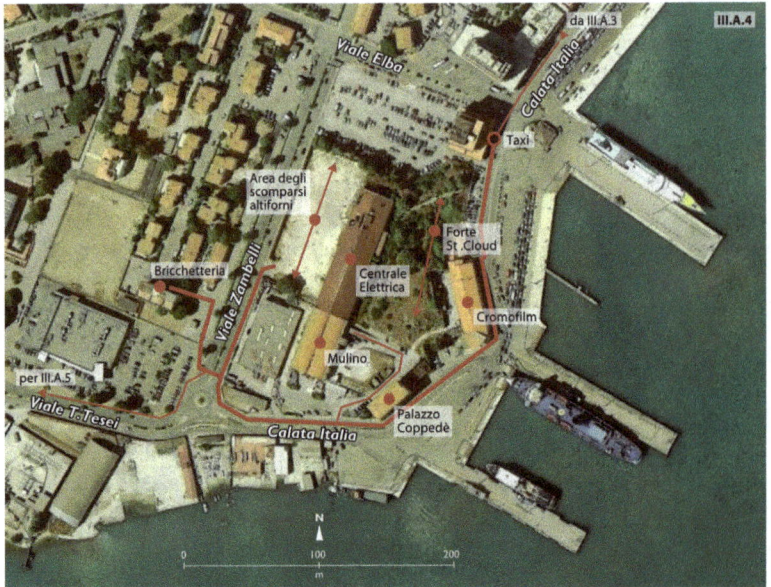

Portoferraio 1885, l'area delle Saline, Collezione Leonida Foresi

Il vasto comprensorio dell'acciaieria occupava l'intera area dell'originaria salina di S.Rocco e della collina che separava questa dal fronte della parte più esterna della rada. Il cuore dell'acciaieria era posto nell'isolato identificabile dal percorso Calata Italia, Viale Tesei, Viale Zambelli, Viale Elba. Quanto ancora percettibile della epocale e radicale trasformazione è sufficiente a far intuire la dimensione degli apparati industriali. Sulla Calata Italia prospettavano piccoli corpi di fabbrica di servizio e quindi nel basso edificio che segna l'angolo della calata di fronte al molo 2, il Cromofilm. Edificio ove si realizzavano pellicole al cromo, prodotte nella logica dello sfruttamento di filiera dei minerali e della loro relativa trasformazione. Oggi è stato ristrutturato per ospitare alcune attività di servizio portuale. Il corpo di fabbrica è quello originario, fatta eccezione per una porzione posta ad ovest, giustiziata dai bombardamenti. Al

di sopra di questi corpi di fabbrica quel
che resta della collina che ospitava il Forte
St. Cloud, una fortificazione francese eretta per controllare possibili accessi da terra
al Forte Inglese e al Forte di Monte Bello
posto in direzione dell'Enfola, oggi invisi-
bile perché coperto dalla vegetazione. Oltre il Cromofilm sorge il Palazzo Coppedè,
sede storica della direzione dell'acciaeria,
singolare opera dei fratelli Coppedè, eclettici architetti molto in auge all'inizio del
XX sec. in Liguria e a Roma dove un quartiere di ville e palazzine porta il loro nome.
Il Palazzo che ingentilisce l'austero paesaggio circostante, è in stile neorinascimenta-
le, all'origine segnato da facciate a bugnato
e graffito. Superato il Palazzo si prosegue
in Viale Tesei che era il bordo del mare
progressivamente interrato con scarichi
di residui della lavorazione dell'acciaio
e corredato di binari utili a trasportare
minerali, carbone e loppe da scaricare che
hanno costituito la materia prima per l'in-
terramento della salina. Svoltando in Viale
Zambelli, i primi edifici costituiscono la
ricostruzione di un volume denominato
Mulino, ovvero dell'impianto destinato
alla macinazione dei minerali, quindi in
successione troviamo l'imponente edificio
della ex Centrale elettrica. L'innovazione
tecnologica ed architettonica del nuovo
secolo è esemplificata in questo edificio.
Ormai vuoto è come una cattedrale si-
lente, una gigantesca navata coperta dai
rami di acciaio delle capriate con semplice

Portoferraio agli inizi del '900, gli altiforni visti da Forte Falcone, Collezione Leonida Foresi

Gli altiforni, dettaglio, 1901

Di Forte St. Cloud rimangono visibili solo pochi ruderi

103

Palazzo Coppedè

La Centrale elettrica

La Bricchetteria

esattezza della facciata principale, espressione della forza travolgente dell'avventura industriale.

Volume sostanzialmente intatto che la recente dismissione del terrapieno costruito dopo la seconda guerra mondiale, occultava, rendendone meno percettibile la dimensione e se vogliamo anche la pregevole sequenza delle aperture. Il luogo del terrapieno ed in parte quello di Viale Zambelli era il cuore dell'acciaieria, qui infatti erano posti i tre altoforni. Il 2 agosto 1902 colava la ghisa da coke, per la prima volta in Italia, dall'altoforno numero 1 di Portoferraio. Nell'anno successivo, il 20 ottobre 1903 entrava in funzione l'altoforno numero 2 e un terzo altoforno arrivò nel 1909. Nel 1923 la rivista 'Elba illustrata' descriveva il panorama dello stabilimento dove erano installate gru elettriche, e insieme ad altri pontili, il grande pontile in ferro, con 4 funivie e 10 gru elettriche per lo scarico del carbone e del minerale grezzo.

Un paesaggio che potremmo definire anche affascinante, ma certamente nel nostro immaginario, non molto diverso dall'officina di Vulcano. Ad ovest delimitato da Via Carducci e Via Manganaro, fino alla rotatoria che ricongiunge queste a Viale Tesei, si estendevano le rimanenti aree che completavano l'Area dell'acciaieria. In questo vasto compendio non sfuggirà, guardando verso il mare, presso la rotatoria tra Viale Tesei e Viale Zambelli, l'edificio della Bricchetteria, rivisitazione residenziale di un impianto industriale, realizzato per ottenere mattonelle di ghisa, bricchette, da materiali disponibili in pezzature troppo minute o allo stato polverulento, agglomerate per pressione con o senza aggiunta di leganti. L'edificio seppure bisognoso di riqualificazione, impressiona per il suo lasciare indovinare l'atipico sovradimensionamento rispetto al quartiere INA-CASA circostante, edificato negli anni '60.

III.A.5. Le Aree industriali

Geo Cantiere Navale Esaom Cesa (hangar) 42.809869,10.312009
Geo Fosso della Madonnina 42.805524,10.317189
Geo dello specchio acqueo denominato le Calle 42.807067,10.314464

Le moderne aree industriali-artigiana-li di Portoferraio che si estendono dal fronte mare di Viale Tesei, fino al Fosso della Madoninna che segna il confine tra Portoferraio e la frazione di San Giovan-ni, sono anch'esse conseguenza dell'at-tività siderurgica. Infatti sono aree della originaria antica salina progressivamente intasata con scarichi di loppa. L'area si costeggia percorrendo la strada provin-ciale per Marciana e Porto Azzurro dalla rotatoria di intersezione con Viale Tesei e Via Manganaro, e consente di apprezzare la dimensione del capannone denominato 'hangar' della cementeria, poi a servizio del cantiere navale Esaom Cesa, e sco-

Uno scorcio del fronte mare da Viale Tesei

Specchio d'acqua Le Calle, detto anche Salina della Loppa

Il Bacino delle Calle

Hangar, cantiere navale Esaom Cesa

Il Fosso della Madonnina

Le foci del Fosso della Madonnina in vicinanza della Salina di San Giovanni

prire, accedendo da Via degli Altiforni, lo specchio acqueo denominato le Calle. L'hangar, per vastità e altezza, ci ricorda che oltre all'acciaieria, potendo sfruttarne i sottoprodotti, c'era una cementeria. La loppa infatti, inizialmente utilizzata come riempimento dei terreni paludosi circostanti lo stabilimento per ampliare il sito industriale, fu poi impiegata per la produzione di un particolare cemento. Venendo a mancare la loppa, il fabbisogno della cementeria si è indirizzato alla ghiaia naturale e l'attività dell'impresa è cessa-ta definitivamente negli anni ottanta, essendo stata inibita l'attività estrattiva del pietrisco calcare, in funzione della difesa dell'integrità del paesaggio. L'hangar, gigante di cemento, è certamente un'opera significativa per dimensione e qualità ingegneristica e rappresenta la potenzialità di alcune strutture sopravvissute, di essere adatte per risorgere a nuova vita, così è ora pronto a divenire il punto di riferimento del nuovo cantiere navale che unitamente al porto turistico completerà in un prossimo futuro, il riassetto della zona.

III.A.6. Salina di San Giovanni

Geo 42.802753,10.31691

Vedere mappa della scheda precedente III.A.5.

Giuseppe Mazzei (1867-1944), Le Saline di Portoferraio, Pinacoteca Foresiana (temporaneamente esposto nella Sala del Consiglio Comunale di Portoferraio)

E' l'unica sopravvissuta delle saline di Portoferraio. Impianti originariamente estesi per decine di ettari che occupavano la rada, sfruttando le anse più interne e che derivavano a loro volta da attività più antiche operate a Schiopparello e soprattutto alle Ghiaie, nell'area dell'attuale giardino comunale, il primo passeggio pubblico di Portoferraio che risale agli inizi del '900. La Salina di San Giovanni è oggi priva degli squadri tipici delle saline. L'area separata dal mare da un sottile camminamento, è ricompresa tra l'argine del fosso della Madonnina, la strada provinciale 26 per Porto Azzurro e il complesso turistico dell'Hotel Airone. Si presenta sul lato terra come un vasto parco, corredato di pini ed eucalipti, che prospetta sul bacino della salina. La zona è stata dichiarata oasi naturalistica protetta, qui nidificano molte specie di uccelli acquatici e recentemente è riapparso anche il fenicottero. La storia del bacino termale di San Giovanni ha origini antiche. Si deve agli abitanti del-

la zona, la scoperta dei benefici di questa parte di mare, un bacino poco profondo circondato da un lembo di terra. Già dalla fine del XIX sec. i fanghi qui raccolti erano usati dagli abitanti per curare le fatiche e i dolori delle giornate di lavoro. La diffusione di notizie al riguardo e soprattutto la curiosità, la sagacia e l'impegno di un medico portoferraiese, hanno trasformato il sentito dire e le pratiche empiriche,

Le Saline di Portoferraio verso metà '800, Collezione Leonida Foresi

in ricerca scientifica. Le alghe che prosperano nel bacino e i fanghi che si depositano sul fondo hanno rivelato specifiche proprietà terapeutiche, opportunità di trasformazione ottima per la realizzazione di creme, soluzioni ed altri prodotti efficaci per la cura della pelle. Così l'utilizzo del bacino come serbatoio di estrazione per le attività delle terme ivi sorte, e dei prodotti cosmetici, ha costituito un vero e proprio esempio di 'green economy' ante litteram.

La riserva naturale della Salina di San Giovanni

Adolfo Coppedè (1871-1951)

Con il padre Mariano (1839-1920) e i fratelli Gino (1866-1927) e Carlo (1868-1952), esponente di una importante famiglia di artisti, artigiani e architetti a cavallo tra XIX e XX secolo. Proprio sul finire del secolo, negli anni 1898-99, in occasione di un importante concorso romano, incontrò l'on. Pilade Del Buono, promotore dello stabilimento siderurgico di Portoferraio e della società Ilva. Pilade diviene il grande mecenate del giovane architetto. A lui viene affidata la realizzazione della Cappella di famiglia nel Cimitero Monumentale della Misericordia, recentemente restaurata, il Palazzo dei Merli al centro della Darsena medicea, distrutto dai bombardamenti dell'ultima guerra mondiale, il Palazzo del Fascio, sempre in Darsena, e ancora il Palazzo della direzione degli altiforni, oggi detto Coppedè. A lui sono dovute anche la villa padronale del Poggio di Marciana, ricordata dal nipote di Pilade, lo scrittore e giornalista Oreste Del Buono, la fattoria di San Martino (oggi Park Hotel Napoleon) e integrazioni della Villa Napoleonica di San Martino, allora di proprietà dei Del Buono. Il rapporto con l'Elba si chiude come si era aperto, con un monumento funebre, sul colle del Lentisco a Cavo. Si tratta del monumento funebre della famiglia Tonietti, affittuari delle miniere dell'Elba, ai quali Coppedè fu presentato da Del Buono.
g.m.b.

Tomba di Pilade Del Buono, Cimitero Monumentale della Misericordia

Fattoria di San Martina

Corrado Feroci (1892-1962)

Nato a Firenze nel 1892, prima allievo e poi docente all'Accademia di Belle Arti della città; la sua scultura fu subito apprezzata da Mario Foresi (1850-1932), grande intellettuale e collezionista fiorentino di origine elbana, che ha donato alla città di Portoferraio la sua ricchissima collezione di arte e di libri, costituenti il tesoro della Biblioteca e Pinacoteca Foresiana. Il Feroci creerà in bronzo, il busto di Mario Foresi, oggi all'ingresso della Pinacoteca, il ritratto della moglie di lui, Costanza, e quello di un'adolescente. Nel 1914, in occasione del centenario del breve governo di Napoleone all'Elba, Feroci scolpì due piccoli bassorilievi in bronzo raffiguranti il volto dell'imperatore, conservati alla Palazzina dei Mulini e all'Arciconfraternita del Santissimo Sacramento.

Alla fine della grande guerra, il Feroci otterrà l'incarico per il Monumento ai Caduti che sorge al centro della antica Piazza d'Armi (Piazza della Repubblica). Nel 1922, a seguito di un concorso internazionale del governo tailandese, si trasferì a Bangkok, dove diventò lo scultore della famiglia reale e fondò un'accademia di belle arti, poi Università Silpakorn. Ancora oggi l'anniversario della sua nascita viene lì festeggiato come quello di un grande della cultura e dell'arte tailandese più che italiano.

La sua produzione artistica italiana precedente alla partenza per Bangkok è quasi esclusivamente a Portoferraio. Spesso giungono in città studiosi o artisti tailandesi alla ricerca delle radici italiane del loro leggendario Silpa Bhirasri, quasi sconosciuto in patria qui da noi.

g.m.b.

Ritratto in bronzo di Costanza, moglie di Mario Foresi, Pinacoteca Foresiana

Monumento ai Caduti, Piazza della Repubblica

Capo
d'Enfola

La Nave

III.B.3.g

N

0   100   200
         m

Bivio
Viticcio

Enfola

135

★ 1-5:
Piazzole dei
cannoni e
riservette

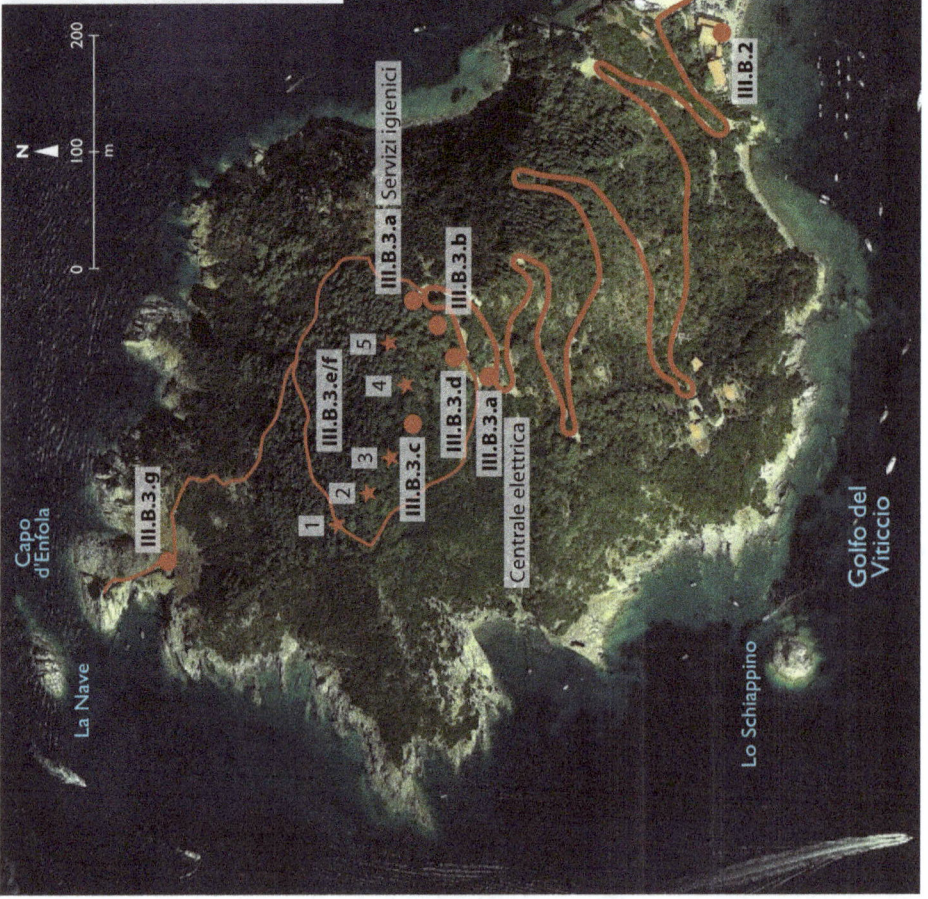

1

2

3

4

5

III.B.3.e/f

III.B.3.c

III.B.3.a | Servizi igienici

III.B.3.b

III.B.3.d

III.B.3.a

Centrale elettrica

III.B.1

III.B.2

Lo Schiappino

Golfo del
Viticcio

PERCORSO III
Dall'era delle industrie alla seconda guerra mondiale

Parte B (mezza giornata)
Capo d'Enfola e la Batteria De Filippi

Gianpiero Vaccaro *(presentazione storico-militare)*
Marino Garfagnoli *(presentazione naturalistica)*
Gloria Peria *(La Tonnara)*

Approfondimenti
Parco Nazionale dell'Arcipelago Toscano

Notizie utili
Questo percorso si svolge a Capo d'Enfola, a 6 km dal centro di Portoferraio. Durante la stagione estiva è possibile raggiungere la località Viticcio col mezzo pubblico e poi proseguire a piedi (1,9 km) fino a Capo d'Enfola con lo stesso itinerario al ritorno. Partenza e arrivo Calata Italia, CTT Bus Isola d'Elba, per informazioni 0565 914783, 914392. La visita dell'itinerario descritto richiede mezza giornata. E' indispensabile l'uso di scarpe comode da tennis o per trekking e la disponibilità di una torcia elettrica. Sconsigliato dopo periodi di pioggia.
Per escursioni guidate: Infopark (vedere seconda di copertina)

III.B.I. Capo d'Enfola

Geo 42.825034,10.269062
Altitudine m 135
Dislivello 132
Lunghezza km 3
Percorrenza 1 h 30' (andata e ritorno)
Difficoltà media

La strada principale che porta fuori dall'area urbana di Portoferraio, si interseca, in prossimità di una rotatoria, con la provinciale Enfola -Viticcio. Dopo 6 km si raggiunge il Capo d'Enfola. Il trasporto pubblico con autobus è assicurato sulla linea Portoferraio-Viticcio (orari tel. 0565 914182).

L'Enfola dal latino insula è unita al resto dell'isola da una stretta lingua di terra, esile ma decisa, con le sue due piccole spiagge che impreziosiscono lo straordinario paesaggio del promontorio (m 135) e del golfo del Viticcio.

Capo d'Enfola

La strada di accesso corre alta sulla linea di costa ed offre il suggestivo panorama dell'ampia insenatura dalle multiformi tonalità di blu, grazie alla fine sabbia granitica, alle praterie di posidonia (Posidonia oceanica) e ai gruppi di rocce sommerse. Sullo sfondo la costa occidentale con le biancheggianti case della marina di Marciana e il maestoso ed imponente profilo del Monte Capanne, la montagna più alta dell'intero arcipelago (m 1019). Nelle giornate più chiare si distinguono anche le catene montuose della vicina Corsica. Il promontorio dell'Enfola, 2,5 km di frastagliato perimetro costiero, presenta spettacolari scogliere a picco sul mare, alcune piccole calette e insenature e due grandi scogli che emergono dal mare: la Nave e lo Schiappino. Le rocce sono a prevalente composizione granitica (porfidi granitici), in alcuni tratti si trovano zone a eurite come la maggior parte delle rocce che compongono la costa settentrionale a est della penisola.

L'intero promontorio, oltre alle testimonianze della storia recente, rappresenta una piccola ma ricca oasi naturale per la eccezionale cornice paesaggistica, per le colorate e multiformi manifestazioni della vegetazione, per le singolari presenze dell'avifauna stanziale e migratoria.

La struttura produttiva dell'antica tonnara (dalla mattanza alla lavorazione del pescato e al suo confezionamento) ha lasciato oggi il posto all'elegante immobile, recentemente restaurato, che ospita l'attuale sede del Parco Nazionale dell'Arcipelago Toscano; la casa ideale per il più esteso parco marino europeo, luogo straordinario circondato dalla natura possente del promontorio che si protende in acque limpide costeggiate dalle ripide falesie di porfido granitico.

Dall'area di parcheggio antistante la sede del Parco Nazionale si diparte la vecchia strada militare costruita per raggiungere gli alloggi e le strutture belliche. Oggi è un comodo sentiero, in alcuni tratti dal fondo un po' sconnesso, immerso nella vegetazione mediterranea e nel silenzio, che conduce alla sommità della penisola e raccordandosi con altri due tratti secondari, permette di effettuare il periplo completo della collina.

La deviazione sul lato occidentale si dirige verso le ripide falesie antistanti lo scoglio La Nave, nel silenzio rotto solo dai versi dei gabbiani che qui hanno scelto la loro zona di nidificazione.

La scogliera degrada lentamente verso il mare e oltre ad una rigogliosa e profumatissima prateria di elicriso, presenta la vegetazione tipica delle rupi marittime, il ginepro coccolone, la barba di giove, la cineraria, il finocchio di mare.

III.B.2. La Tonnara

Geo 42.824951,10.268739

La prima tonnara impiantata nella Portoferraio medicea si trovava di fronte al promontorio di Capo Bianco, ma non riscuotendo molta fortuna, fu presto deciso di collocarla all'ingresso del golfo, nella parte di mare che va dal faro del Forte Stella al piccolo golfo di Bagnaia. I primi documenti reperiti negli archivi risalgono al XVII sec.; si tratta di contratti d'appalto attraverso i quali il Granduca di Toscana affida ad esperti la gestione di questa tonnara *di primavera e d'autunno*, appostata cioè per catturare i tonni nei loro passaggi cosiddetti *di andata e di ritorno*.

Dell'esistenza della Tonnara dell'Enfola, si trova accenno per la prima volta in un editto del 1739, attraverso il quale la principessa di Piombino Eleonora Boncompagni Ludovisi diffida i pescatori di calare reti o qualsiasi altro attrezzo da pesca nelle acque di sua giurisdizione, nel periodo di *calo* della tonnara, e precisamente *nei golfi nei quali entrano i tonni*: Capo di Sant'Andrea, Enfola, Procchio, Biodola e *la stessa spiaggia di Marciana*, cioè Marciana Marina. Nel 1769 il granduca Pietro Leopoldo di Lorena assiste ad una *mattanza* (cattura di tonni) nella tonnara situata nel golfo di Portoferraio che rimase attiva fino alla metà dell'ottocento, quando gli fu definitivamente preferita quella dell'Enfola. Località che, secondo gli antichi confini tracciati subito dopo la fondazione di Cosmopolis da parte di Cosimo I de'Medici, era compresa nel territorio di Marciana e al quale resterà unita fino al 1951. Con l'unificazione dell'isola sotto il governo napoleonico, la gestione delle tonnare fu affidata ai fratelli di origine ligure Antonio e Pellegro Senno. La Tonnara dell'Enfola fu dotata, intorno al 1810, di un complesso di edifici chiamati 'marfaraggio',

il più imponente e rappresentativo dei quali è oggi sede del Parco Nazionale dell'Arcipelago Toscano. E' argomento conosciuto e fu, al tempo, anche oggetto di satira da parte degli oppositori, che durante il suo regno elbano, lo stesso Napoleone avesse assistito alla pesca del tonno, convinto sostenitore di questa che riteneva potesse rappresentare una fiorente industria. L'attività della tonnara assorbiva un discreto numero di addetti, i *tonnarotti*, provenienti per la maggior parte dal versante occidentale dell'Elba. Questi uomini si occupavano sia della pesca, sia della lavorazione dei tonni che sventrati, venivano lasciati appesi sotto una vasta tettoia. Una volta scolati, erano tagliati a pezzi e cotti dentro capaci caldaie. Per la conservazione, fino al XIX sec., i pezzi di tonno asciugati venivano salati, in seguito, furono inscatolati con l'aggiunta di olio d'oliva. Il trattamento di pressatura ed essiccazione all'aria era riservato alle uova del tonno per la produzione della bottarga. Cattura e lavorazione dei tonni continuarono, tra gli alti e i bassi determinati dagli eventi storici, fino al 1959 quando la diminuzione del pescato e una terribile tempesta verificatasi nell'anno precedente, decretarono inesorabilmente la fine di questa attività.

*La Tonnara
di Capo d'Enfola*

Parco Nazionale dell'Arcipelago Toscano

Il parco Nazionale dell'Arcipelago Toscano, dopo un lungo iter istitutivo che inizia nel 1989 con una prima individuazione provvisoria del perimetro comprensivo delle sole isole di Capraia e Montecristo, viene definitivamente istituito nel luglio 1996, (in seguito all'approvazione della legge quadro sulle aree naturali protette nr. 394/1991). Si chiude così un lungo e tormentato dibattito in materia di conservazione ambientale, iniziato nel nostro paese negli anni '30 con l'istituzione dei parchi nazionali storici. Il parco dell'arcipelago comprende tutte le sette isole toscane (per intero Pianosa, Montecristo, Gorgona, Giannutri) e solo parzialmente l'Elba, il Giglio e Capraia. E' in corso di inserimento anche una vasta area di protezione a mare, che coincide più o meno con il perimetro del Santuario Internazionale dei Cetacei (accordo internazionale del 1999 tra Francia, Principato di Monaco e Italia) in aggiunta ai tratti di mare antistanti le isole più piccole. Si configura come la più vasta area marina e terrestre protetta d'Europa: 56.766 ettari a mare e 17.887 ettari a terra. La straordinaria varietà degli aspetti naturalistici, la preziosa biodiversità, con numerosi endemismi botanici e faunistici, e il mutevole ed esaltante paesaggio costituiscono le caratteristiche più affascinanti delle isole toscane, ognuna con una sua identità: la vulcanica e selvaggia Capraia; la solitaria e minuscola Gorgona, la più piccola per estensione e l'unica che offre il suo intero territorio a fini carcerari; la misteriosa e affascinante Montecristo, nessuna presenza umana, uno degli ultimi santuari della natura del Mediterraneo; l'esaltante ed ammaliante Pianosa, una piattaforma di rocce calcaree che si stagliano sul mare cristallino; Giannutri, la più meridionale e la penultima per estensione, con le sue scogliere ricche di anfratti a poca distanza dalle candide spiagge granitiche del Giglio. E poi l'Elba, la maggiore, la più popolata e la più multiforme nella sua ricchissima storia naturale e nelle travagliate e appassionanti vicende della storia dell'uomo.
m.g.

Infopark
(vedere seconda di copertina)

III.B.3. La Batteria De Filippi

La Batteria De Filippi, carta militare del 1933

Geo 42.824951,10.268739

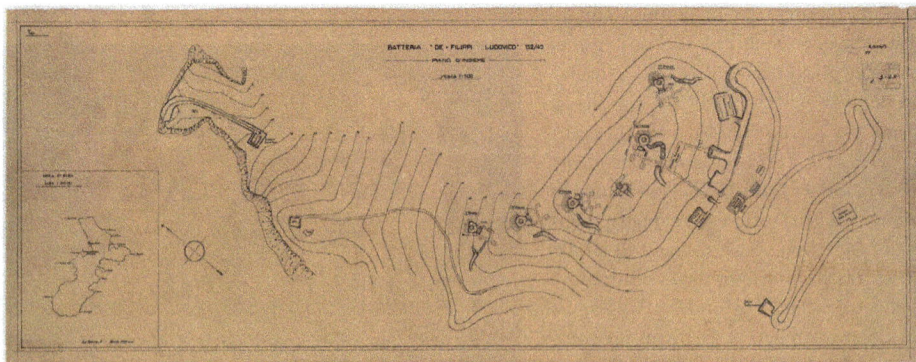

INTRODUZIONE

La rivalità politica e navale sorta tra il Regno d'Italia e la Francia alla fine della grande guerra portò negli anni '20 al potenziamento del sistema difensivo costiero della zona Elba-Piombino in funzione della accresciuta importanza della rada di Portoferraio come punto di sosta e rifornimento per le unità sottili.

In quest'ottica di proiezione di forza, in cui l'Elba diveniva una *'sentinella avanzata nel Mediterraneo'* dell'Italia fascista, nella seconda metà del decennio, il Genio Militare per la Marina di La Spezia elaborò il progetto iniziale per la costruzione di una

Capo d'Enfola negli anni '50

batteria costiera di medio calibro sul promontorio roccioso di Capo d'Enfola, a circa 6 km da Portoferraio.

La costruzione fu avviata nel 1929, dopo alcune semplificazioni progettuali. Una visita ispettiva dell'allora Capo di Stato Maggiore della Regia Marina, nel maggio del 1933, sancì la fine dei lavori e l'entrata in servizio della Batteria, armata con cinque pezzi antinave da 152/45 S1911, in analogia con le altre due batterie da 152 della zona Elba-Piombino poste sul Monte Calamita e a Piombino, a Punta Falcone.

La Batteria dell'Enfola fu intitolata alla memoria del comandante Ludovico De Filippi, caduto il 16 novembre 1918 nell'affondamento dell'esploratore Cesare Rossarol e decorato con Medaglia d'Argento al Valor di Marina con la seguente motivazione: *'dimostrava bella serenità di animo nell'incoraggiare l'equipaggio della nave che stava affondando. Mirabile esempio di sublime sacrificio, cedeva il suo salvagente ad un marinaio che non sapeva nuotare e nell'atto generoso perdeva la vita"*.

L'organico teorico della Batteria era di 2 ufficiali, 7 sottufficiali e 80 fra sottocapi e comuni. Gli ufficiali erano alloggiati nella palazzina mentre il resto del personale aveva a disposizione una baracca del tipo 'Innocenti'.

Il munizionamento di servizio e di riserva esistente, pari a 140 colpi per ciascun cannone, era custodito nel grande deposito in caverna, o polveriera, appositamente edificato all'interno del perimetro della Batteria. Ciclicamente il reparto veniva riarmato per esercitazioni con il richiamo del personale allo scopo di mantenere un adeguato grado di prontezza operativa. Il grave deteriorarsi dei rapporti internazionali fece sì che il 19 aprile 1939 fosse predisposta la mobilitazione integrale ed urgente della Batteria, mascherando il riarmo dell'intera Zona Militare Marittima con la necessità di svolgere un normale ciclo addestrativo. Il comando della Batteria fu assunto dal tenente di vascello Silvio Giovanardi.

Dal 20 al 28 di aprile fu provveduto al trasporto delle dotazioni e dei materiali di casermaggio accantonato presso i magazzini delle basi di La Spezia e Portoferraio.

Alla fine del mese d'aprile del 1939, il numero degli ufficiali e della truppa del *Corpo Reale Equipaggi* assegnati alla Batteria risultava ormai quasi al completo. Larga parte del-

Cannone dello stesso tipo di quelli presenti a capo d'Enfola, fotografato nel dicembre 1940 presso la batteria di Punta Falcone a Piombino

la truppa fu richiamata dalla *Sede Sussidiaria di Concentramento* di Portoferraio, attraverso un programma di mobilitazione speciale nominativa su base territoriale, concentrando nelle batterie elbane personale di classi anziane proveniente dalle stesse zone d'impiego. Ai primi di maggio la Batteria De Filippi risultava pronta al fuoco, il 12 dello stesso mese fu eseguito il primo ciclo di tiri reali a fuoco, contro un bersaglio rimorchiato. Nel maggio 1940 la Batteria passò alle dipendenze del neocostituito Comando del Fronte a Mare di Portoferraio, con sede nel Forte Falcone.

Nel triennio 1940-43 la Batteria, in virtù della sua lontananza dai principali teatri di guerra, visse un periodo di relativa calma venendo impegnata essenzialmente in cicli di esercitazioni con i cannoni e le armi automatiche in dotazione, fungendo da 'serbatoio' di personale per le unità in prima linea. Molti giovani marinai, dopo brevi periodi di allenamento e istruzione, venivano trasferiti altrove.

Nel 1941 il comando della Batteria fu assunto dal capitano di Artiglieria del Regio Esercito Lelio Regi. Le necessità del fronte ben presto non riguardarono solo il personale ma arrivarono a richiedere anche parte del materiale in dotazione al dispositivo difensivo elbano.

Ai primi di maggio del 1941 giunse l'ordine di trasferire uno dei cinque complessi da 152/45, *'quello con minor campo di tiro'*, per le necessità del fronte africano. Nell'aprile del 1942 l'efficienza della Batteria era segnalata come ottima. Il personale contava su 81 uomini, con una deficienza di 4 militari sull'organico teorico.

Nella tarda primavera del 1943 la Batteria risultava agli ordini del capitano di Artiglieria del Regio Esercito Borini. In seguito ai numerosi sorvoli effettuati da ricognitori nemici, il personale fu impegnato in estesi lavori volti alla mimetizzazione del telemetro, delle piazzole delle armi e delle altre strutture della Batteria, molto visibili dall'alto.

Non esistendo una efficace difesa ravvicinata, su ordine del generale De Vecchi di Val Cismon, iniziò l'adattamento e la sistemazione dell'opera al concetto di caposaldo costiero per rendere il più possibile autosufficiente la difesa e la resistenza sui 360°. Individuate e rinforzate le posizioni migliori dove installare le otto mitragliatrici in dotazione, furono stesi reticolati e scavati dagli stessi marinai, con pala e piccone, tratti di trincea.

Fu infine studiata l'installazione di un vecchio cannone da 120/40 da utilizzare sia in funzione illuminante che per il tiro ordinario.

Alla data dell'armistizio, 8 settembre 1943, la Batteria fu messa in stato di allarme. All'alba del giorno 10 assieme ad altre batterie costiere sparò alcuni colpi contro alcune unità italiane, scambiate erroneamente per mezzi da sbarco tedeschi, in avvicinamento alla costa elbana. Il 16 settembre la guarnigione dell'Elba, poche ore dopo il bombardamento dell'abitato di Portoferraio, depose le armi. L'indomani i tedeschi occuparono l'isola e presero gradatamente in consegna caserme, depositi e batterie, tra cui la Ludovico De Filippi. All'Enfola, prima di abbandonare il reparto, il personale danneggiò ed asportò di propria iniziativa e contro gli ordini tassativi ricevuti da Portoferraio, parte del materiale. In particolare furono distrutte le tabelle di tiro, tutta la documentazione tecnica ed alcuni accessori dei cannoni furono nascosti.

Pochi giorni dopo la Batteria fu presa in consegna dal 616° Reparto di Artiglieria Marittima della *Kriegsmarine* e rimessa rapidamente in efficienza.

Nel periodo dell'occupazione tedesca dell'isola, che si protrasse per circa 9 mesi, la Batteria dell'Enfola non fu interessata da particolari avvenimenti. Sull'isola fu installato un moderno apparato radar di tipo Freya che migliorò significativamente la qualità del tiro, specialmente notturno e in condizioni di visibilità sfavorevole. Nel perimetro della Batteria furono installate alcune armi automatiche da 20 mm, più efficaci nella difesa contro attacchi a bassa quota.

Nella primavera del 1944 gli alleati pianificarono uno sbarco da effettuarsi sull'Isola d'Elba a partire dalle loro vicine basi della Corsica. All'assalto, a cui fu dato il nome convenzionale di *Brassard*, avrebbero dovuto partecipare unità coloniali francesi e reparti di paracadutisti americani. Dopo lo sfondamento del fronte sud di Roma, tra la fine di maggio ed i primi di giugno, l'operazione rischiò di essere cancellata in quanto ormai inutile. Lo Stato Maggiore francese, per questioni di prestigio, fece pressioni perché *Brassard* fosse comunque effettuata anche se il fronte si avvicinava alla Maremma ed i tedeschi già programmavano l'evacuazione dell'isola. Gli alleati acconsentirono a malincuore fornendo aviazione e mezzi da sbarco ma rifiutando le unità paracadutiste promesse. L'operazione prese avvio nelle prime ore del 17 giugno 1944. La Batteria dell'Enfola, con i suoi pezzi capaci di battere il golfo di Campo, rappresentava una grossa preoccupazione per il comando francese tanto che si decise di tentare di neutralizzarla con un attacco portato da unità speciali di sabotatori appartenenti al *Battaillon de Chocs*. Giunti nella notte su battelli pneumatici rilasciati da motosiluranti, la quarantina di commandos del 7° distaccamento, agli ordini del tenente Jacobsen iniziarono la silenziosa e difficile scalata delle scogliere dell'Enfola, operazione che si protrasse per quasi due ore. Fatta irruzione nel perimetro, iniziarono un violento combattimento con i marinai tedeschi. Inizialmente disorientati dalla sorpresa e rimasti senza ufficiali dopo la morte del sottotenente di vascello Herkell ed il ferimento del comandante, tenente di vascello Gerdt, i tedeschi resistettero tenacemente sia pur a costo di gravi perdite. I commandos riuscirono ad applicare cariche esplosive sulle volate di due dei cannoni da 152/45, distruggendone uno e danneggiando in maniera non grave un secondo. Dopo le 8 del mattino il presidio riuscì a riprendere in mano la situazione catturando alcuni commando francesi, tra cui lo stesso tenente Jacobsen, e mettendo in fuga gli altri non prima che questi riuscissero a rendere inservibile un terzo cannone della Batteria. Per tutta la giornata del 17 giugno 1944 la zona rimase in mano germanica. Al calare della notte il presidio ebbe l'ordine di ritirarsi verso i capisaldi difensivi arretrati, non prima di aver fatto saltare armi e munizioni. L'evacuazione della Batteria dell'Enfola avvenne dopo la mezzanotte. Guidati da un maresciallo capo, i marinai superstiti rientrarono nelle linee tedesche, l'indomani mattina le truppe coloniali francesi occuparono la Batteria.

III.B.3.a. Le Prime strutture

Postazione della mitragliera, sullo sfondo la costa settentrionale fino a Portoferraio

Le prime strutture di pertinenza della Batteria che si incontrano all'Enfola sono una cisterna della capacità di 400 tonnellate d'acqua, che all'epoca veniva rifornita periodicamente da bettoline, e due piccoli pontili d'attracco.

Successivamente, lasciandosi sulla sinistra l'edificio della Tonnara, si inizia a salire lungo la vecchia strada militare e superando un cancello in legno, con passaggio laterale in caso di chiusura, si entra nel perimetro della Batteria.

Poco più avanti si notano, sulla destra, i ruderi dell'alloggio del capoposto di cui oggi non rimangono che le fondamenta. Alla curva, sulla sinistra, si incontra la cabina elettrica di trasformazione. La Batteria riceveva normalmente la corrente dalla rete civile (Società Elettrica Elbana). Solo in caso di combattimento entrava in funzione la Centrale elettrica di batteria.

La strada continua a salire e dopo due tornanti, sulla sinistra, incontriamo l'edificio della Centrale elettrica di batteria. Si tratta di una casamatta incassata nella roccia, difficilmente visibile dal mare, circondata ed isolata dal terreno circostante, da uno scannafosso. All'interno è ancora visibile il basamento del un gruppo elettrogeno da 18KW che alimentava le utenze della Batteria in caso di interruzione della corrente industriale da Portoferraio. L'edificio della centrale è caratterizzato da un'ampia porta e da due finestroni.

Sulla parte opposta della strada, c'è invece una cisterna. Pochi metri oltre, i resti di altre piccole cisterne e del manufatto che ospitava una piccola stalla. Proseguendo, si giunge ad un nuovo tornante, l'ultimo. Sulla sinistra salendo si nota una piccola postazione per arma automatica contraerei che all'epoca ospitava una mitragliatrice leggera Colt da 6,5mm Mod.1915 utilizzata sia per la difesa contro attacchi a bassa quota sia nel tiro terrestre a protezione dell'istmo dell'Enfola. La postazione è costituita da un plinto ottagonale, su cui era posizionata l'arma, da una piccola trincea e da due Riservette (vedi scheda) per le cassette contenenti i nastri e gli accessori dell'arma. Pochi metri oltre sulla destra una nuova cisterna e poco oltre il manufatto dei servizi igienici, ancora perfettamente conservato. In alto a destra si incontra l'edificio diroccato del Corpo di guardia.

Centrale elettrica

Servizi igienici della truppa

III.B.3.b. Il Corpo di guardia

All'edificio diroccato del Corpo di guardia si accede mediante una breve scalinata. Il manufatto ospitava le camerate dei marinai, con i caratteristici ferri per sorreggere le amache, la stanza dei sottufficiali, la cucina ed i bagni. Dal Corpo di guardia si dipartono due sentieri: uno sul retro che porta dopo una quindicina di metri alla riservetta del pezzo numero 5 ed uno sul davanti che conduce alla Direzione di tiro della Batteria. Lungo il sentiero sul retro, sulla destra, si incontra una seconda postazione per mitragliatrice leggera Breda 13,2mm mod.1929.

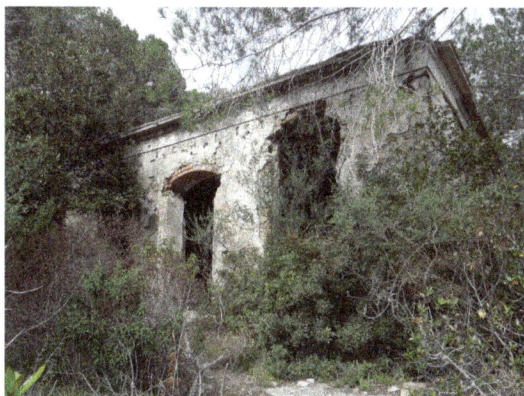

Il Corpo di Guardia

III.B.3.c. La Direzione di tiro

Il complesso della Direzione di tiro era il cuore della Batteria Ludovico De Filippi e si trova a m 136 sul livello del mare. Era composta da un ampio stanzone incassato nella roccia a cui si accede da un breve tratto in trincea. Da questo vano, che ospitava il personale specializzato addetto e tutto il materiale, tramite una scaletta di metallo si accedeva al livello superiore dove, all'interno di una torretta metallica girevole, blindata, si trovava un telemetro da 4 metri di base necessario al calcolo della distanza e degli altri parametri relativi al bersaglio da colpire. Al giorno d'oggi, rimossa la torre, rimane il basamento di cemento armato sul quale sono ben visibili i segni di una grossa esplosione interna, dovuta probabilmente ad una carica di demolizione fatta brillare dai tedeschi prima di abbandonare la Batteria. Pochi metri più avanti è presente l'osservatorio di batteria, un bunker basso e sfuggente dal quale il comandante dirigeva il tiro, via telefono. La Direzione di tiro godeva di una vista panoramica eccezionale sulla parte settentrionale dell'arcipelago toscano,

L'accesso alla Direzione di Tiro

Postazione del cannone

119

*La Direzione di tiro,
sezione*

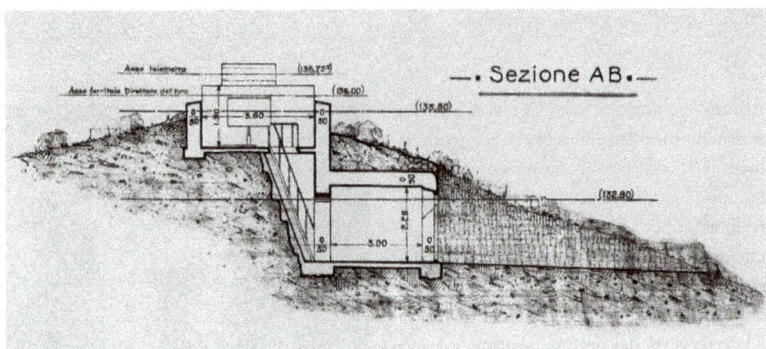

*La Direzione di tiro,
pianta*

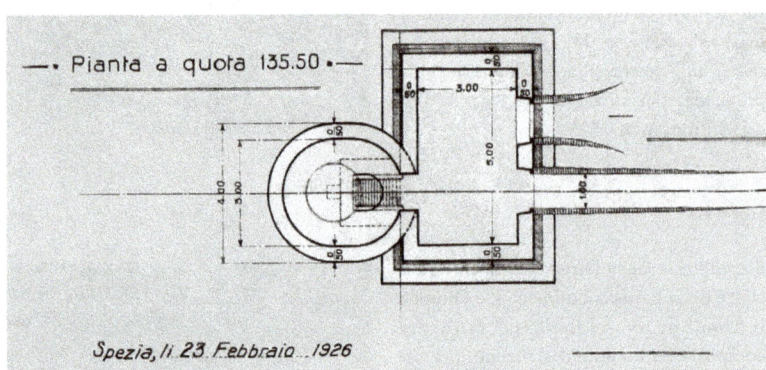

oggi quasi completamente seppellita da detriti e da cespugli. La vegetazione originale era infatti bassa, gli alberi di pino furono piantati dopo la guerra ed hanno alterato quasi del tutto il colpo d'occhio originario.

III.B.3.d. Il Deposito di munizioni

*Il Deposito di
munizioni, sezione*

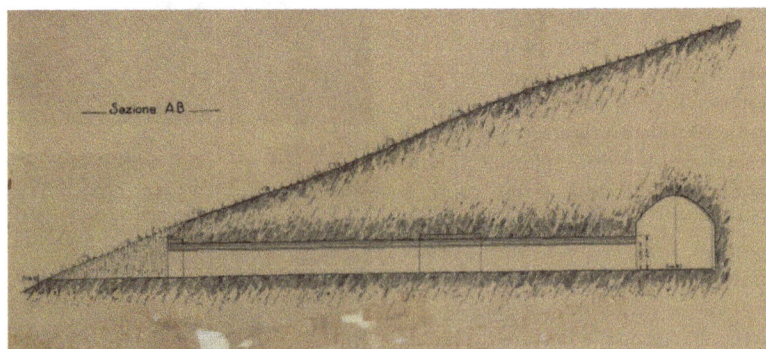

Proseguendo la strada principale, lasciandosi sulla destra l'edificio del Corpo di guardia, si giunge a m 116 sul livello del mare all'imbocco della galleria che

conduce al Deposito di munizioni, all'e-
poca affidato al capo carico cannoniere.
Sulla sommità dell'arco di ingresso campeggia lo stemma scolpito sulla pietra del
genio militare per la Regia Marina che
progettò e condusse i lavori di costruzione
nel 1929. Sull'arco interno si legge ancora
la scritta, molto deteriorata, *'sempre all'im-*
possibil volenti', motto della Batteria De
Filippi. Dal corridoio, in leggera discesa,
si giunge alla caverna principale lunga
21,5 m, larga 5 m ed alta 4,65 m. All'interno di questa si notano i ruderi del magazzino delle munizioni delle dimensioni
di 16,70 m di lunghezza per 4 m di lar-
ghezza. Il capannone era alto 3,60 m ed
al suo interno potevano essere custoditi
un totale di 1400 colpi, 280 per arma.
Di questi il 50% erano di riserva. Oltre
a questi erano conservati in casse, proiet-
tili di mitragliatrice e moschetto, esplosi-
vi, spolette ed inneschi vari. Percorsa con
una torcia tutta la caverna si accede ad un
corridoio più piccolo che riconduce all'e-
sterno sempre lungo la strada principale,
poco più avanti rispetto all'altro ingresso. A fianco della seconda uscita esistono
i ruderi della 'tettoia proietti', ovvero un
manufatto in cui venivano conservate le
granate metalliche ancora da assemblare,
prive di esplosivo e spoletta.

Il Deposito di munizioni, ingresso

Il Deposito di munizioni, interno

Stemma militare della Regia Marina sopra l'ingresso del Deposito di munizioni

III.B.3.e. Le Piazzole dei cannoni

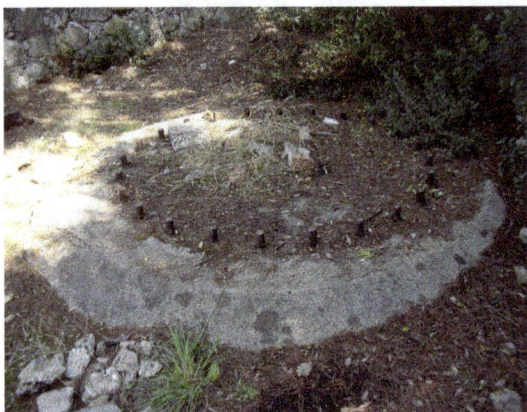

Basamento di un cannone da 152

Riservetta con piazzola, pianta

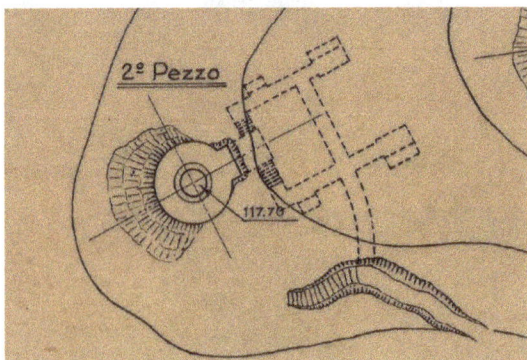

L'armamento principale della Batteria De Filippi era composto da cinque cannoni scudati da 152/45 Schneider modello 1911 a culla e piattaforma sopraelevata del tipo 'Piemonte'. Con 19 kg di carica di lancio ogni pezzo poteva sparare vari tipi

di proietti, del peso di circa 47 kg, alla distanza massima di circa 9 miglia con alzo massimo di 30°. Questo permetteva alla Batteria di poter agevolmente difendere i golfi di Procchio e della Biodola, gli accessi alla rada di Portoferraio e un'ampia porzione del Canale di Piombino oltre Capo Vita. Alcuni pezzi potevano inoltre battere, sparando verso l'entroterra, sul golfo di Campo. Nel tiro antinave infatti il settore di tiro utile della Batteria era compreso tra 90° circa e 270° circa passando per il nord. Ciascun cannone, del peso di oltre 17 tonnellate, era imbullonato ad una fondazione circolare in calcestruzzo mediante una corona di 24 chiavarde. Ogni piazzola era collegata mediante cavo telefonico alla direzione di tiro, in caso di interruzione era possibile ricevere istruzioni tramite megafono. La squadra addetta a ciascun cannone contava su 8 uomini: un sottufficiale capo pezzo, due specialisti puntatori (direzione di alzo ed elevazione), un elevatore di alzo, un elevatore di cursore, un addetto all'otturatore, un caricatore, un porta proietti ed un porta cariche. La linea pezzi era agli ordini del sotto comandante di batteria. Tutte le Piazzole sono ancora esistenti, su alcune di esse (la numero 1 in particolare) si notano estesi danni dovuti sia all'assalto dei commandos francesi sia alle cariche di demolizione fatte brillare dai tedeschi all'atto dell'abbandono della Batteria.

III.B.3.f. Le Riservette

Ciascun cannone aveva a disposizione due riservette sotterranee per la conservazione dei proietti di servizio e degli elementi di carica a cui si ha accesso sia dalla parte posteriore della piazzola, sia da un'entrata secondaria laterale. Le strutture interne

delle Riservette sono molto simili fra loro. Sostanzialmente si tratta di due corridoi in fondo ai quali si trova una stanza; i due corridoi sono poi collegati mediante un passaggio trasversale che li unisce formando un anello. Lungo i due rami principali si trovano due nicchie all'interno delle quali erano stivati i proietti. Nelle due stanze, poste nella parte più distante dalla superficie e dunque più protette, venivano conservate le delicatissime cariche di lancio ed il materiale antincendio. Le Piazzole erano posizionate tra loro in modo che, entrando nella prima, si potesse arrivare all'ultima ed alla Direzione di tiro sfruttando il più possibile i camminamenti sotterranei per la protezione del personale. Ad esempio dalla riservetta della piazzola numero 5 (m 124 sul livello del mare, sulla scogliera verso Capo Bianco) si accede da un breve tratto in trincea che parte dall'edificio del corpo di guardia. Dalla vicina piazzola del pezzo numero 4, posto a 132 m, si accede ad un breve tratto in trincea e da questo alla Direzione di tiro della Batteria che è al centro dello schieramento sul punto più elevato dell'Enfola, ovvero a m 136 sul livello del mare. I pezzi da 1 a 3, affacciati sul Golfo di Procchio, sono in linea tra di loro scalati di circa 10 metri di quota (da 102 a 128 m sul livello del mare). Pur in uno stato di completo abbandono le Riservette si presentano in ottime condizioni generali. Accedendo all'interno, muniti di torce elettriche, è possibile vedere dei bellissimi decori e disegni dell'epoca. Fiori, uccelli

Disegno murale realizzato dai soldati all'interno di una riservetta

Ingresso di una riservetta

Scalinata che scende a una riservetta

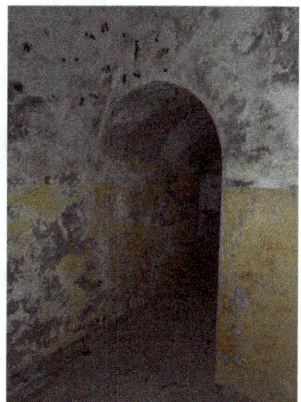

Interno di una riservetta

123

Le Riservette, particolari

e frutti che abbelliscono gli spartani locali militari, caratterizzati da archi e volte. La riservetta del pezzo numero 1 presenta danni gravi a causa di una forte esplosione interna per cui se ne sconsiglia la visita. Nei corridoi sotterranei resistono alcune scritte in tedesco. Notevole quella dell'accesso al tunnel laterale della riservetta 5 che indica la direzione di tiro.

III.B.3.g. Il Ricovero del proiettore

La Batteria De Filippi era dotata di un riflettore di scoperta navale zenitale fisso da 90/150 delle Officine Galileo di Firenze, con manovra a distanza locale, azionato da un gruppo convertitore alimentato da corrente industriale. Per la manovra, custodia e manutenzione dell'apparecchiatura erano assegnati un sottufficiale ed otto tra sottocapi e comuni. Scendendo verso il mare, a pochi metri dalla punta dell'Enfola, si incontra il Ricovero del proiettore. Si tratta di una piccola casamatta in cemen-

Il sentiero che conduce al Ricovero proiettore e alle ripide falesie antistanti lo scoglio La Nave

Il Ricovero proiettore

to di 6 m di profondità per 2,20 di lar-
ghezza ben nascosta e riparata dalla roccia.
Il riflettore, che scorreva su una rotaia
'decauville' con scartamento di 60 cm fino
alla falesia, aveva un campo di scoperta da
112° a 230° passando per il nord.

Brevi biografie degli autori

Mario Ettore Bacci
Laureato in Lettere con specializzazione in Archeologia. Autore ed illustratore di guide per ragazzi. Collabora dal 1998 presso il Polo Museale Fiorentino, il Museo Archeologico Nazionale di Firenze e il Museo Civico Archeologico di Fiesole. Nel 2010 pubblica la guida: "Le avventure archeologiche di Ilvo, Roste e Velia" dedicata al territorio dell'Elba e dell'arcipelago toscano.

Giuseppe Massimo Battaglini
Nato a Campo nell'Elba nel 1947, laureato in Lettere e Specializzato Conservatore delle Opere d'Arte all'Università di Pisa. Borsista all'Università Internazionale dell'Arte di Firenze e Venezia. Dal 1974 al 2008 direttore degli Istituti Culturali del Comune di Portoferraio. Nel 1979 il suo "Cosmopolis -Portoferraio medicea- storia urbana 1548-1737, ottiene l'encomio dell'Accademia Nazionale dei Lincei. Dal 1986 al 1993 presiede la Commissione Beni Ambientali dell'Arcipelago Toscano. Membro dell'Accademia di Marina dell'Istituzione dei Cavalieri di S.Stefano. Dal 1995 Direttore del Centro Nazionale di Studi Napoleonici e di Storia dell'Elba. Nel 2011 collabora alla mostra "Adolfo Coppedè agli esordi dell'Elba contemporanea" organizzata dalla Soprintendenza di Pisa e Livorno. Nel 2013 idea e cura la mostra permanente "Cosmopoli-Portoferraio medicea" al Forte Falcone di Portoferraio. Nel 2014 pubblica il manoscritto inedito di una spia borbonica nella Portoferraio napoleonica del 1814-15.

Marino Garfagnoli
Elbano, profondamente legato alla sua terra e fiero delle sue origini legate all'isola d'Elba mineraria (padre e nonno minatori). Laureato in Materie Letterarie con tesi sperimentale in Geografia. Animatore dei primi movimenti ecologisti locali e fautore del Parco Nazionale dell'Arcipelago Toscano di cui è stato consigliere dal 1996 al 1999 per conto delle Associazioni Ambientaliste. Da oltre 20 anni promuove un turismo naturalistico e didattico nell'arcipelago toscano e nel resto d'Italia, oltre che progetti di turismo sostenibile. Esponente di rilievo del movimento verde, ha ricoperto il ruolo di assessore alla cultura e all'ambiente del Comune di Portoferraio dal 2005 al 2009.

Mauro Parigi
Laureato in architettura, collabora con la Facoltà di Architettura dell'Università di Firenze, quindi partecipa alla redazione di piani urbanistici e progetti di trasformazione urbana in Provincia di Livorno ed in Toscana; membro dell'Istituto nazionale di urbanistica – Sezione Toscana ne è presidente dal 1990 al 1994, quando diviene assessore all'urbanistica del Comune di Pisa. Dal 2001 è dirigente della Provincia di Livorno e quindi, dal 2005 è dirigente del Comune di Portoferraio. Ha svolto attività giornalistica come pubblicista, ha prodotto saggi ed articoli in tema di urbanistica e governo del territorio.

Gloria Peria
E' coordinatrice della Gestione associata degli Archivi storici dei Comuni dell'isola d'Elba e membro del Centro Studi Napoleonici dell'isola d'Elba. Ha pubblicato numerosi saggi storici e per la valorizzazione degli archivi ha progettato e curato nel 2010, la Mostra itinerante 'Le sentinelle del mare', con l'esposizione dei disegni dei 'posti di Sanità' lorenesi dell'isola d'Elba; nel 2011 la pubblicazione di autori vari, L'ELBA S'E'DESTA, antologia del risorgimento elbano; nel 2012 la pubblicazione di autori vari, TRA IL RIGORE DELLA LEGGE E IL VENTO DELLA STORIA, la condizione delle donne all'isola d'Elba dal XVI al XVIII secolo. Nel 2014 ha curato il numero speciale della Rivista del Centro Studi Napoleonici: L'ISOLA IMPERO. Vicende storiche dell'isola d'Elba sotto il Governo di Napoleone.

Gianpiero Vaccaro
Nato nel 1979, vive e lavora a Piombino. Da sempre appassionato di storia militare, ha compiuto approfondite ricerche sulla zona Elba-Piombino nelle due guerre mondiali in archivi pubblici e privati, italiani e stranieri. Da alcuni anni cura il piccolo museo della batteria costiera Galeazzo Sommi Picenardi di Punta Falcone. Ha collaborato con le più prestigiose riviste italiane del settore e curato alcune pubblicazioni di storia locale. Ha collaborato con le più prestigiose riviste italiane del settore e curato alcune pubblicazioni di storia locale.

Lucia Zingoni
Nata nel 1984, vive e lavora a Firenze; si diploma al liceo Scientifico Foresi di Portoferraio nel 2003 e inizia un percorso di studi storico artistici nella Facoltà di Lettere e Filosofia dell'Università di Pisa, laureandosi nel 2008 in museologia con una tesi sulla collezione di Mario Foresi a Portoferraio. I suoi studi continuano a Firenze dove, nel 2011, discute una tesi di antropologia museale ancora legata al suo territorio d'appartenenza, l'isola d'Elba, in materia di Musei del Mare. Attualmente sta completando gli studi di specializzazione e cataloga opere d'arte per l'Opera di Santa Maria del Fiore.

Foto e grafica

Fiona Buttigieg
Artista di origine maltese nata in Inghilterra, è ora stabilita all'isola d'Elba. Laureata in geologia all'Università di Oxford e in Belle Arti all'Università di Georgia State in America, fotografa appassionatamente dal 1989. Le sue opere, che includono la serie 'Notes from a Small Island' ispirata dall'esilio di Napoleone all'Elba, sono state esposte in diverse gallerie d'arte internazionali. La sua vita artistica è il soggetto del documentario 'LA VISION' girato dal regista Roberto Arevalo.

Agustina Fernández
Diplomata in Belle Arti a Cuenca (specializzata in disegno), ha lavorato per quattordici anni per la casa editrice Electa come disegnatrice e coordinatrice editoriale, per la Residencia de Estudiantes (Madrid) e per il Museo Archeologico Regionale di Madrid. Ha inoltre realizzato lavori per vari musei fra cui il Museo del Prado, il Museo Thyssen Bonemisza, Museo Archeologico Nazionale, il Teatro Museo Dalì e Museo Senza Frontiere oltre che per istituzioni spagnole come il Ministero di Cultura, il Comune di Madrid, la Regione Madrilena ecc. Attualmente lavora a Madrid come graphic designer per l'editoria d'arte.

Andrea Tozzi
Elbano per nascita, anfibio per natura, disegnatore per passione, grafico (autodidatta) per necessità. Di sé dice: 'ho iniziato a smanettare con un Macintosh SE-30 nel 1989… e non ho più smesso'. Ha collaborato in veste di editore con l'Azienda di Promozione Turistica dell'Arcipelago Toscano; come disegnatore e grafico con il Parco Nazionale dell'Arcipelago Toscano e varie amministrazioni dell'isola.

BIBLIOGRAFIA ESSENZIALE E FONTI ARCHIVISTICHE

DALLA PREISTORIA AL MEDIOEVO

AA.VV. Guida archeologica della provincia di Livorno e dell'arcipelago toscano: Itinerari tra archeologia e paesaggio, Nardini, Livorno 2003.

CAMBI, F., Fortificazioni e strade militari nell'Elba etrusca in Lo Scoglio anno XXII, n.72, Portoferraio 2004, pp. 10-15.

CIAMPOLTRINI, G., Su un'iscrizione di età imperiale da Portoferraio in Rassegna di Archeologia, pp. 423-430.

CORRETTI, A., Metallurgia medievale all'isola d'Elba, Ediz. All'insegna del Giglio, Firenze 1991.

DUCCI, S., Dal cantiere al museo: primi risultati di una ricerca sull'Elba romana, Ville e giardini nell'Elba romana, Firenze, 1996.

FERRUZZI, S., Ansalottus de ferraia de montemarsiale de ylba. Svelato il mistero di un sito fortificato del Medioevo in Lo Scoglio, Anno XXIX, n.91, Portoferraio 2011, p.20-22.

PANCRAZI, O., Castiglione di San Martino: primi risultati di scavo in AA.VV., l'Elba preromana: fortezze d'altura, Pisa 1979.

PANCRAZI, O., Il Museo archeologico di Portoferraio, Firenze, 1996.

ZECCHINI, M., Isola d'Elba. Le origini, San Marco Ed., Lucca 2001.

DA COSIMO A NAPOLEONE

La città medicea lorenese

FARA, A., Portoferraio. Architettura e urbanistica 1548-1877, Edizioni della Fondazione Giovanni Agnelli, Torino 1997.

BATTAGLINI, G. M., voce Camerini, Giovanni in Dizionario Biografico degli Italiani, XVII, Istituto della Enciclopedia Italiana, Roma, 1974.

BATTAGLINI G. M., Cosmopolis: Portoferraio Medicea. Storia urbana 1548-1737, Multigrafica, Roma 1978.

BATTAGLINI G. M. (a cura di), Catalogo della mostra Cosmopolis: Portoferraio Medicea, secoli XVI-XVII, Pacini, Pisa, 1981.

LAMBERINI D., Il Sanmarino. Giovan Battista Belluzzi, architetto militare e trattatista del Cinquecento, Olschki, Firenze, 2007.

MANETTI R., Portoferraio e le sue antiche fortificazioni, Libreria Editrice Fiorentina, Firenze, 1966.

MANETTI R., Portoferraio bastioni verso terra, Giardini Editore, Pisa, 1979.

La 'capitale napoleonica'

ARCHIVI STORICI DEI COMUNI ELBANI

CASTELLI, P., FERRETTI, M., Le residenze napoleoniche a Portoferraio, Pisa, Pacini, 2001.

MASCILLI MIGLIORINI, L., Napoleone, Salerno, 2001.

MELLINI, V., Napoleone I all'Isola d'Elba, a cura di A. MELLINI PONÇE DE LÉON e di C. ROTONDI, Firenze, Olschki, 1962.

NINCI, G., Storia dell'Isola dell'Elba, Portoferraio, Broglia, 1815.

PÉLISSIER, L. G., Le Registre de l'Ile d'Elbe. Lettres et ordres inédits de Napoleon Ier (28 mai 1814-22 février 1815), Paris, 1897.

PERIA, G., FERRUZZI, S., L'isola d'Elba e il culto di San Mamiliano. Le chiese di Capoliveri e Campo, Centro grafico Elbano, Portoferraio, 2010.

PONS DE L'HÉRAULT, A., Souvenirs et anecdotes de l'Île d'Elbe, L. Pélissier, Paris, 1897.

TONINI, L (a cura di), I Demidoff a Firenze e in Toscana, Firenze, Olschki, 1996.

L'OTTOCENTO

CANESTRELLI A., Storia degli Elbani dall'Unità all'Industrializzazione (1860-1904), Pisa, 1983.

DADDI G.P., Telemaco Signorini all'isola d'Elba, Lecco, 1971.

GASPARRI A., Pagine ignorate di Storia dell'Elba, Portoferraio, 2002.

LUNGONELLI M., Un passato industriale. Miniere e siderurgia all'Isola d'Elba fra otto e novecento, Torino, 1997.

MARINARI A., Quaranta anni di Storia elbana attraverso i periodici (1860-1900), Livorno, s.d.

PERIA G. (a cura di), L'Elba s'è desta – Antologia di fatti e personaggi risorgimentali, Portoferraio, 2011.

PREZIOSI A., Fermenti patriottici, religiosi e sociali dell'isola d'Elba (1821-1921), Firenze, 1976.

PREZIOSI A., Cronache dell'Elba preunitaria, Pisa, 1985.

PULLÈ G., Monografia agraria del Circondario dell'isola d'Elba, Portoferraio, 1879.

DALL'ERA DELLE INDUSTRIE ALLA SECONDA GUERRA MONDIALE

La città industriale

CANESTRELL A., Storia degli elbani dall'Unità all'industrializzazione (1860-1904), Ed. Pacini, Pisa, 1983.

LUNGONELLI M., Alle origini della grande industria siderurgica in Italia. La società Elba di Miniere e Alti Forni (1899-1911), in Ricerche Storiche numero VI, 1976.

LUNGONELLI M., La Magona d'Italia. Impresa, lavoro e tecnologie in un secolo di siderurgia toscana (1865-1975), Ed. Il Mulino, Bologna, 1991.

LUNGONELLI M., Un passato industriale. Miniere e siderurgia all'Isola d'Elba fra otto e novecento, Torino, 1997.

MAIC (Ministero di Agricoltura, Industria e Commercio), Cenni sulle miniere di ferro dell'Elba, Regia Tipografia, Roma, 1881.

SINIGAGLIA O., Alcune note sulla siderurgia italiana, Tipografia del Senato, Roma 1946.

TOSO P., Miniere di ferro all'Isola d'Elba in MAIC, Studio sulle condizioni di sicurezza delle miniere e delle cave in Italia, Tipografia Nazionale Bertero, Roma, 1894.

La batteria "Ludovico De Filippi" di Capo Enfola

Isola d'Elba 1919-1944, manoscritto inedito, Gianpiero Vaccaro, Piombino 2007.

Diario di guerra della zona Elba Piombino (1939-1943).

Archivio Genio Militare per la Regia Marina (1924-1946).

Documentazione inedita in archivio dell'Autore.

Rapporto Capitano di Corvetta Schreiber (1943).

Ufficio Storico Marina Militare, Roma, vari faldoni relativi alla difesa costiera (1919-1943).

Ufficio Storico Esercito, Roma, vari faldoni relativi alla difesa costiera (1919-1943).

Rivista Storia Militare, numero 20 anno 1995, articolo "Operazione Brassard" di PP Battistelli.

Natura e Ambiente

AA.VV., Il sistema museale dell'Arcipelago Toscano, Rivista italiana di studi Napoleonici e di Storia dell'Elba, suppl. n. 1, XX, 1983, Pisa, Giardini Editori, 1985.

AA.VV., Territorio e civiltà di un'isola, Comunità Montana Elba e Capraia, 2001.

DE BERNEAUD, A.T., Voyage à l'Isle d'Elbe, Colas, Paris 1808. Trad. T. Pisani, Akademos, Lucca 1993.

FERRARI, M., GIOMBINI, R., BARSOTTI G., Guida ai sentieri dell'Elba e Capraia, RS Editore, 2001.

FOSSI-INNAMORATI, T., La flora vascolare dell'Isola d'Elba, Firenze, Webbia, 1983.

LEONELLI, G. Sentieri nel parco Nazionale dell'arcipelago toscano, Il Libraio, Portoferraio, 1997.

MORI, A., Studi geografici sull'Isola d'Elba, Istituto di Geografia dell'Università, Pisa, Libreria Goliardica, 1960.

NALDI, A., L'isola di Montecristo, Debatte, 2000.

PAVAN, M., Montecristo Riserva Naturale, 1971.

RACHELI, G., Le isole del ferro, Mursia, 1978-87.

TANELLI, G., BENVENUTI, M., Guida ai minerali dell'Isola d'Elba e del Campigliese, Il Libraio, Portoferraio, 1998.

ALTRO

Coppedè

BRANCACCIO L. (a cura di), Adolfo Coppedè agli esordi dell'Elba contemporanea, Catalogo della mostra di Portoferraio, Galleria Demidoff della Residenza Napoleonica di San Martino, Sillabe editore, Livorno, 2010.

Feroci

Quaderni di Santa Caterina, n°5, luglio 1996, contributi di L. Ferri de Lazara, P. Piazzardi, G. M. Battaglini, M. Foresi.

INDICE DELLE LOCALITÀ

CONTATTI E NOTIZIE UTILI

Comune di Portoferraio
http://www.comune.portoferraio.li.it
Tel: 0565 937111

Centro Culturale De Laugier
Pinacoteca Foresiana, Collezione Leonida Foresi,
Biblioteca Comunale, Archivio Storico
Tel: 0565 937380, 917649

Ente Parco Nazionale dell'Arcipelago Toscano
http://www.islepark.it
Tel: 0565 919411
Tel: 0565 919494 (Info Park Are@ Portoferraio)

Ospedale di Portoferraio Località San Rocco
Tel: 0565 926111

Arrivare all'isola d'Elba

Volendo raggiungere l'isola d'Elba col mezzo
pubblico si arriva in treno alla stazione di Campiglia
Marittima da dove partono i collegamenti per il porto
di Piombino:

In treno (30 minuti circa):
http://www.trenitalia.com
In autobus (20 minuti circa):
http://www.tiemmespa.it
In taxi: prenotazioni 0565 226080
(terminal taxi Piombino)

Servizio traghetti tra Piombino e Portoferraio

Blunavy (stagionale)
http://www.blunavytraghetti.com

Elba Ferries (stagionale)
http://www.corsica-ferries.it

Moby SpA(tutto l'anno)
http://www.moby.it

Toremar (tutto l'anno)
http://www.toremar.it

Collegamenti aerei con l'isola d'Elba
http://www.elbaisland-airport.it

Trasporto pubblico sull'isola

CTT – Bus Isola d'Elba
Biglietteria Informazioni
Viale Elba, 57037 Portoferraio
Tel: 0565 914783, 914392
http://www.atl.livorno.it

Stazione Taxi
Calata Italia – Molo Massimo
Tel: 0565 915112

Possibilità di parcheggio in prossimità del centro storico di Portoferraio

Si consiglia di verificare sul posto.
Piazza Repubblica a pagamento tutto l'anno;
Alto fondale (adiacente al punto di attracco traghetti
di fronte Calata Mazzini) a pagamento dal 15 giugno
al 15 settembre; Piazzale della Linguella a pagamento
come sopra; Lungomare Calata Italia e via Carducci a
pagamento tutto l'anno.

CREDITI FOTOGRAFICI

Tutte le foto pubblicate in questa guida sono di Fiona Buttigieg, © Museo Senza Frontiere, con l'esclusione di:

Violetta Balestrini: pagine 42, 43 in basso

Mario Ettore Bacci: pagina 26 in alto

Nicola Gallo: pagina 30

Bernardo Greco: pagine 54, 57 in basso, 66 in alto, 76, 98

Gianpiero Vaccaro: pagine 114, 115, 116, 118 in basso, 119, 120, 121, 121, 122, 123, 124

Biblioteca Nazionale Centrale di Firenze: pagina 11 in alto

Comune di Portoferraio: © imagine copertina e pagine 67 in basso a destra, 73 in basso, 79 in alto, 90, 91, 97, 102, 103 in alto, 107, 109 in alto; foto di Fiona Buttigieg

Corpo Forestale delle Stato, Ufficio Territoriale Biodiversità di Follonica: pagina 46 in basso

Google maps: base delle mappe

Haus-, Hof- und Staatsarchiv, Vienna (Archivi di stato dell'Austria): pagina 88

Istituto degli Innoncenti, Firenze: pagina 8

Museo Civico Archeologico di Bologna: pagine 10 in basso, 67 in basso a sinsitra

Parco Nazionale dell'Arcipelago Toscano: pagine 31, foto di Giovanni De Luca; 43 in alto e 45, foto di Roberto Ridi; 46 in alto, foto di Filippo Fior

Soprintendenza per i Beni Archeologici della Toscana: © pagine 9, 20, 22, 23; foto di Fiona Buttigieg

Soprintendenza per il Patrimonio Storico, Artistico ed Etnoantropologico e per i Beni Architettonici e Paesaggio per le Province di Pisa e Livorno: © pagine 80, 82, 83; foto di Fiona Buttigieg

Soprintendenza per il Patrimonio Storico, Artistico ed Etnoantropologico e per il Polo Museale della città di Firenze: pagina 59 in basso; © pagine 52 e 64 in alto a sinistra, foto di Fiona Buttigieg

Le guide di Museo Senza Frontiere

Titoli disponibili in italiano:

Gli Itinerari Mostra del Tirolo
IL GOTICO
BAROCCO & ROCOCO

Provincia di Roma
I PRÍNCIPI DELLA CHIESA | Tra Rinascimento e Barocco nella Provincia di Roma

L'Arte Islamica nel Mediterraneo
Egitto | L'ARTE MAMELUCCA | Splendore e magia del regno dei Sultani
Giordiania | GLI OMAYYADI | La nascita dell'arte islamica
Italia | L'ARTE SICULO NORMANNA | La cultura islamica nella Sicilia Medievale
Marocco | IL MAROCCO ANDALUSO | Alla scoperta di un arte del vivere
Portogallo | NELLE TERRE DELLA MORA INCANTATA | l'Arte Islamica in Portogallo
Spagna | L'ARTE MUDEJAR | L'estetica islamica nell'arte cristiana
Territori Palestinesi | PELLEGRINAGGIO, SCIENZA E SUFISMO | L'arte islamica in Cisgiordania e Gaza
Tunisia | IFRIQIYA | Tredici secoli d'arte e d'architettura in Tunisia
Turchia | LA NASCITA DELL'ARTE OTTOMANA | l'eredità degli emirati

Per la collezione completa con titoli in arabo, francese, inglese, portoghese, spagnolo e tedesco consultare
www.mwnfbooks.net o contattare books@museumwnf.net.

www.ingramcontent.com/pod-product-compliance
Lightning Source LLC
Chambersburg PA
CBHW070336090426
42733CB00012B/2492